中国自驾游
湖南

"中国自驾游"编写组 编写

中国地图出版社
北京

出发前，检查你的装备

● 随车装备

随车工具： 轮胎扳手、灭火器、水桶、绞盘、拖车绳/杆、搭电线、工兵铲、车载充气泵、千斤顶、快速补胎剂、钳子、警示牌、防冻液、防滑链*。

备件： 充足气的备胎、易损汽车零件（灯泡、雨刮片）、机油、制动液、玻璃水。

● 现金和证件

现金： 零钱若干。

证件及文件： 身份证、驾驶证、行驶证、购置税证、车船使用税证、边防证或护照*，首页写好姓名、血型、身体情况以及紧急联系人电话的记事本、车辆及人身保险信息。

行程单： 一式两份，一份带在身上，一份留在家中。

● 通信定位装置

通信设备： 手机、充电器、充电宝、蓝牙耳机。

导航及指南类工具： 导航类 App（提前下载好离线地图）、纸质旅行指南、指南针、地图。

车队用设备*： 车载电台、手持电台、对讲机。

● 日常用品

衣物： 驾驶用平底鞋、徒步用登山鞋。

野营用品： 帐篷、睡袋、充气枕头、防潮垫、照明灯具、折叠桌椅、卡式炉、气罐、炊具、水具（水壶、水袋、皮囊等）、烧烤炉、遮阳伞。

变压设备： 12—220V 车载逆变器。

储存设备： 车载冰箱、保温箱。

其他： 防晒用品、望远镜、墨镜、手套、雨具、头灯和手电、多功能户外手表、多功能刀具、保温杯、一次性餐具、消毒湿巾、纸巾、洗漱用具、小镜子、指甲钳、抹布、别针、橡皮筋、针线包、捆绑绳、垃圾袋、防风打火机或防潮火柴、旧报纸、记事本。

● 药品

内服： 感冒药、退烧药、止痛药、清火解毒类药品、肠胃药、维生素、抗过敏类药品、防晕车药品，与自身身体状况有关的药品（高血压药、心血管药、助眠药等）。

外用： 云南白药、万花油、清凉油、风油精、氟轻松软膏、眼药水、骨伤贴药、驱蚊虫类喷雾。

抗高原反应类*： 西洋参含片、葡萄糖口服液、布洛芬、高原红景天、抗高反处方药（乙酰唑胺、地塞米松等）、氧气瓶。

简易医疗用品： 体温计、创可贴、绷带、纱布、白胶布、碘伏、棉签、口罩。

* 特定情况需要

湖南省 4
湖南交通旅游图 6
湖南自驾线路总览 8

1 湘东名人故里之旅 10

岳阳市→长沙市→湘潭市→娄底市→衡阳市

途中亮点

岳阳楼 南湖 君山岛 12
东洞庭湖 张谷英村 13
屈子祠 橘子洲 14
岳麓书院 15
湖南大学 岳麓山 16
新民学会成立会旧址 湖南博物院 天心阁 太平街 ... 17
花明楼 毛泽东同志故居 18
毛泽东同志纪念馆 毛泽东广场 东山书院
　曾国藩故里 19
南岳大庙 南岳衡山 祝圣寺 20

地图

湘东名人故里之旅 11
岳阳城区 12
长沙城区 14
岳麓山景区 16
南岳衡山景区 20

更多精彩

来东洞庭湖观赏鸟类和麋鹿 13
汨罗的端午节 14

2 湘西山水之旅 22

张家界市→湘西土家族苗族自治州

途中亮点

天门山 23
武陵源景区 24
芙蓉镇 26
红石林 坐龙峡 不二门 老司城 乌龙山大峡谷 ... 27
洛塔石林 洗车河镇 28
惹巴拉 隆头古镇 里耶秦简博物馆 ... 29
里耶古城 里耶古城遗址公园 八面山
　茶峒古镇 矮寨大桥 30
德夯苗寨 31

地图

湘西山水之旅 23
武陵源景区 24

特别呈现

漫步芙蓉镇 26

目录

漫步茶峒古镇	31

更多精彩
湘西的影视取景地	25
猛洞河漂流	26
土家族传统织锦"西兰卡普"	29
体验沈从文笔下的边城	31

3 湘西古城古镇之旅 32
湘西土家族苗族自治州→怀化市→柳州市（广西壮族自治区）

途中亮点
乾州古城 峒河游园 凤凰古城	33
中国人民抗日战争胜利受降纪念馆	34
龙津风雨桥 黔阳古城 　　洪江古商城	36
万佛山 芋头侗寨 皇都侗寨	37
横岭侗寨 阳烂 程阳风雨桥	39

地图
湘西古城古镇之旅	33
凤凰古城	34
洪江古商城	37

特别呈现
漫步乾州古城	35
漫步凤凰古城	36
漫步黔阳古城	38

更多精彩
湘西的集市：边边场	36
通道坪坦河上的风雨桥	39

4 湘中茶马古道之旅 40
常德市→益阳市→娄底市→邵阳市

途中亮点
常德会战阵亡将士公墓 常德博物馆 常德河街 　　诗墙公园	41
中国黑茶博物馆 永锡桥 洞市老街 茶马古道风景区 　　大熊山 梅山龙宫	42
紫鹊界梯田 崀山	43

地图
湘中茶马古道之旅	41
常德城区	42
崀山景区	43

更多精彩
安化茶马古道	43

5 湘南人文古建之旅 44
郴州市→永州市

途中亮点
汝城县祠堂	45
高椅岭丹霞 东江湖 柳子庙 东山 香零山	46
萍岛 女书园 上甘棠村	47

地图
湘南人文古建之旅	44
零陵城区	47

更多精彩
雾漫小东江	46
女书的秘密	47

▼ 湖南常德米粉

"三湘四水，相约湖南。"湘、资、沅、澧四条大河在汇入洞庭湖之前，润泽了这片神奇的土地，也用5000多条支流衔接起各城、各景。湘江之畔坐落着南岳衡山和伟人的故里韶山，澧水围绕着张家界所在的武陵山流过，资江边则矗立着世界遗产"中国丹霞"的组成部分崀山。古镇、古村如珍珠般散落在大山的深处，除了人气最高的凤凰古城，张谷英村、芙蓉镇、洗车河镇、洪江古商城、上甘棠村……一个个遗世独立的村镇同样等待着你的探索。

湖南地貌类型多样，以山地、丘陵为主，全省道路建设完善，高速公路已基本覆盖全境，自驾出行难度不大。但出行前一定要多了解路况，尤其是秋冬多雾季节行驶在多山地区时，避免遭遇高速公路封闭、道路行驶困难等麻烦。节假日出游要留意堵车的情况。

▼ 张家界

湖南省

湖南省

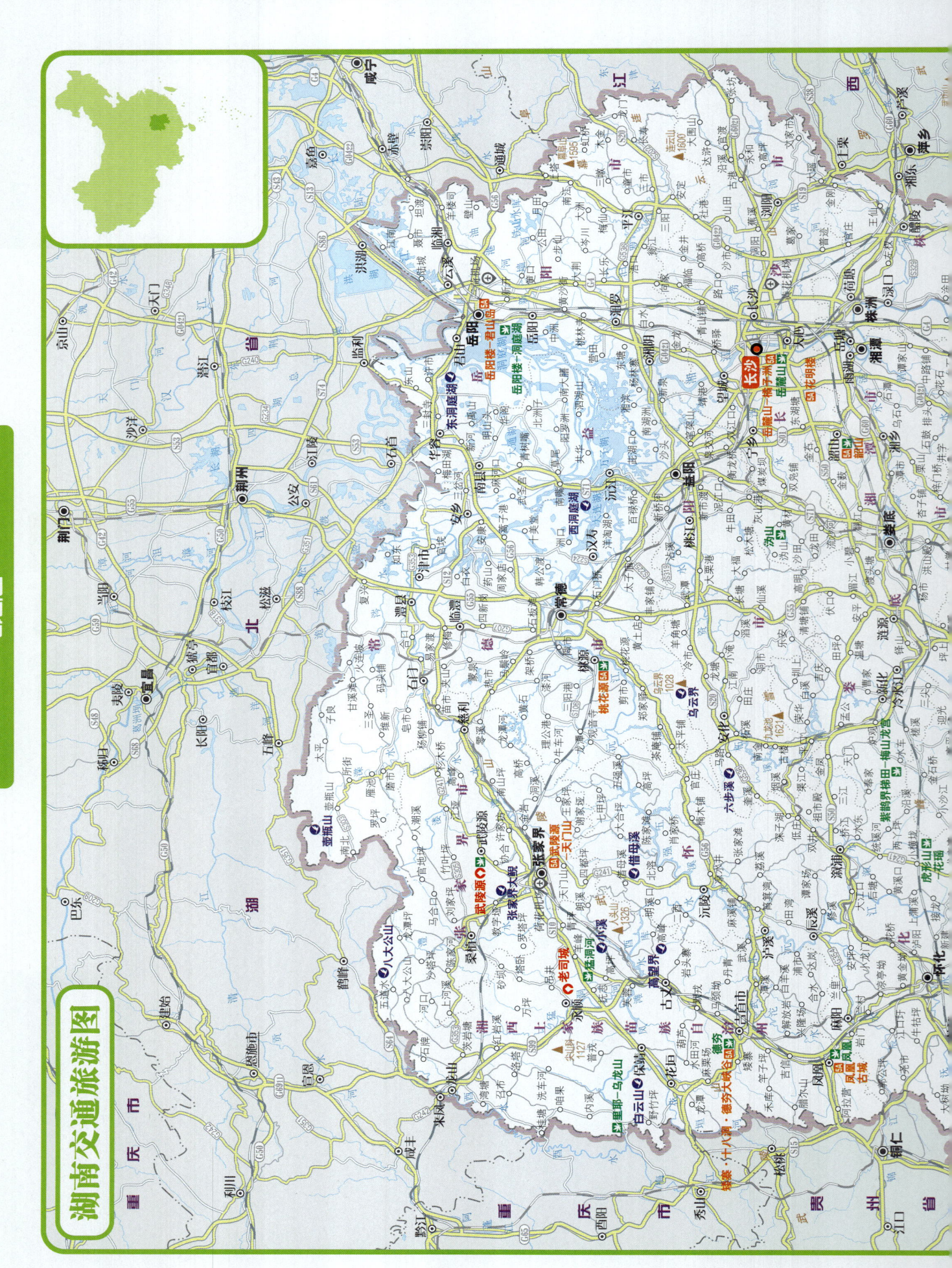

湖南交通旅游图

湖南省

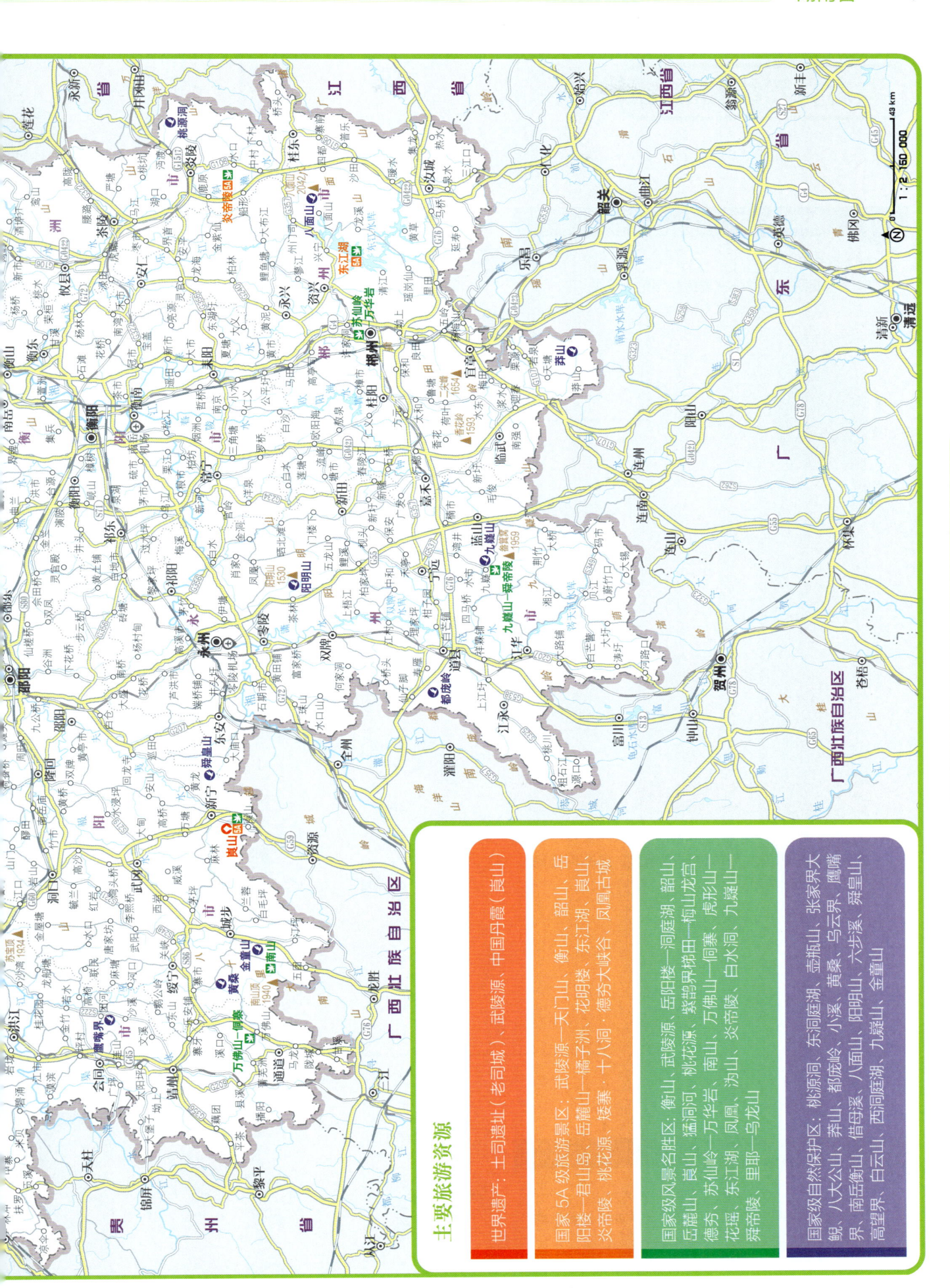

湖南省交通旅游图

1:2 150 000

主要旅游资源

世界遗产： 土司遗址（老司城）、武陵源、中国丹霞（崀山）

国家5A级旅游景区： 武陵源—天门山、韶山、衡山、岳阳楼、君山岛、岳麓山—橘子洲、花明楼、东江湖、崀山、猛洞河、苏仙岭—万华岩、南山、万佛山—侗寨、炎帝陵、十八洞、德夯大峡谷、凤凰古城

国家级风景名胜区： 衡山、武陵源、岳阳楼—洞庭湖、韶山、岳麓山、崀山、桃花源、紫鹊界梯田—梅山龙宫、德夯、苏仙岭—万华岩、南山、万佛山—侗寨、虎形山—花瑶、东江湖、凤凰、沩山、炎帝陵、九嶷山—舜帝陵、里耶—乌龙山

国家级自然保护区： 桃源洞、东洞庭湖、都庞岭、小溪、黄桑、张家界大鲵、八大公山、莽山、八面山、借母溪、阳明山、六步溪、舜皇山、鹰嘴界、高望界、南岳衡山、白云山、九疑山、西洞庭湖、金童山

湖南自驾线路总览

2　湘西山水之旅　见22页

581公里/9天
驱车深入湘西，欣赏张家界武陵源绝美风景。

3　湘西古城古镇之旅　见32页

410公里/5天
一连串如珠般的古城古镇将与你相遇，还有坪坦河上大大小小的风雨桥。

5　湘南人文古建之旅　见44页

702公里/5天
汝州古祠堂、零陵古城与女书园，无声地讲述着当地人古老的故事。

湖南省

1　湘东名人故里之旅　　见10页

498公里/8天
寻访近现代名人的故里，了解那段风云变幻的历史。

4　湘中茶马古道之旅　　见40页

523公里/6天
寻访茶马古道在现代的遗存。

★　如果你喜欢……

山水风光
（1）东洞庭湖、岳麓山、南岳衡山（❶ 湘东名人故里之旅）
（2）天门山、武陵源景区、红石林、坐龙峡、乌龙山大峡谷、八面山（❷ 湘西山水之旅）
（3）大熊山、梅山龙宫、紫鹊界梯田、崀山、夫夷江（❹ 湘中茶马古道之旅）
（4）高椅岭丹霞、东江湖（❺ 湘南人文古建之旅）

人文历史
（1）屈子祠、毛泽东同志故居、毛泽东同志纪念馆、曾国藩故里、南岳大庙（❶ 湘东名人故里之旅）
（2）老司城、里耶秦简博物馆（❷ 湘西山水之旅）
（3）诗墙公园、中国黑茶博物馆、洞市老街、茶马古道风景区、永锡桥（❹ 湘中茶马古道之旅）
（4）汝城县祠堂、柳子庙、女书园（❺ 湘南人文古建之旅）

古镇古村
（1）芙蓉镇、洗车河镇、惹巴拉、茶峒古镇（❷ 湘西山水之旅）
（2）乾州古城、凤凰古城、黔阳古城、洪江古商城、芋头侗寨、皇都侗寨、横岭侗寨、阳烂（❸ 湘西古城古镇之旅）
（3）零陵古城、上甘棠村（❺ 湘南人文古建之旅）

户外活动
（1）天门山、武陵源景区、猛洞河漂流（❷ 湘西山水之旅）
（2）大熊山、崀山、夫夷江（❹ 湘中茶马古道之旅）

湖南自驾线路总览

1

湘东名人故里之旅

岳阳市 ➡ 长沙市 ➡ 湘潭市 ➡ 娄底市 ➡ 衡阳市

里程： 498 公里
天数： 8 天
驾驶难度： ★☆☆☆☆
新能源车友好度： ★★☆☆☆

湘东之旅一路串起最经典的湖南元素：从岳阳开始行程，赏岳阳楼，观洞庭湖；在长沙橘子洲头看湘江东去；前往韶山了解毛泽东如何受进步思想影响而走上革命道路；最后爬南岳衡山，观日出。湘东的交通路网发达，自驾旅行十分便利。

行程安排

第1天 ①岳阳市 ⬌ ②东洞庭湖　76 公里
游览岳阳市岳阳楼区的**岳阳楼**、**南湖**、**君山岛**，再沿洞庭大道、岳华公路前往君山区的**东洞庭湖**，游览完毕后返回岳阳市，并夜宿于此。

第2天 ①岳阳市 ➡ ③张谷英村　73 公里
③张谷英村 ➡ ④汨罗市　85 公里
从岳阳市沿许广高速、S310 前往岳阳县张谷英镇**张谷英村**，游览完毕后途经 X041、京港线前往汨罗市屈子祠镇，游览**屈子祠**，夜宿汨罗市。

第3天 ④汨罗市 ➡ ⑤长沙市　75 公里
从汨罗市出发，沿 S210 至长沙市，游览岳麓区的**橘子洲**、**岳麓书院**、**湖南大学**、**岳麓山**、**新民学会成立会旧址**，夜宿长沙市（化龙池、解放西路酒吧街是长沙夜生活最丰富的区域）。

第4天 ⑤长沙市
在长沙市内游览开福区的**湖南博物院**和天心区的**天心阁**和**太平街**，夜宿长沙市。

第5天 ⑤长沙市 ➡ ⑥韶山市　71 公里
从长沙市出发沿长芷高速、宁韶高速至湘潭市韶山市，中途游览宁乡市刘少奇故里**花明楼**，到达韶山后游览**毛泽东同志故居**、**毛泽东同志纪念馆**、**毛泽东广场**，夜宿韶山市。

第6天 ⑥韶山市 ➡ ⑦湘乡市　25 公里

⑦湘乡市 ➡ ⑧荷叶镇　56 公里
⑧荷叶镇 ➡ ⑨南岳衡山　37 公里
从韶山市出发，沿韶山大道、G240 前往湘乡市，游览毛泽东曾就学的**东山书院**，然后再沿沪瑞线、X054 前往娄底市双峰县荷叶镇**曾国藩故里**。游览完毕后，沿着 X034、X037 前往衡阳市南岳衡山，夜宿南岳区。

第7-8天 ⑨南岳衡山
先参观山脚下的**南岳大庙**，然后游览**南岳衡山**。你可以选择徒步或骑行，也可选择乘坐缆车或观光车直接上山游览，夜宿半山亭或山顶祝融峰附近。第二天早起登高赏衡山日出，如果对衡山的寺庙感兴趣，还可以去南岳大庙东面不远处的**祝圣寺**，游览完毕后结束行程。

▼ 岳麓山秋色

湖南省

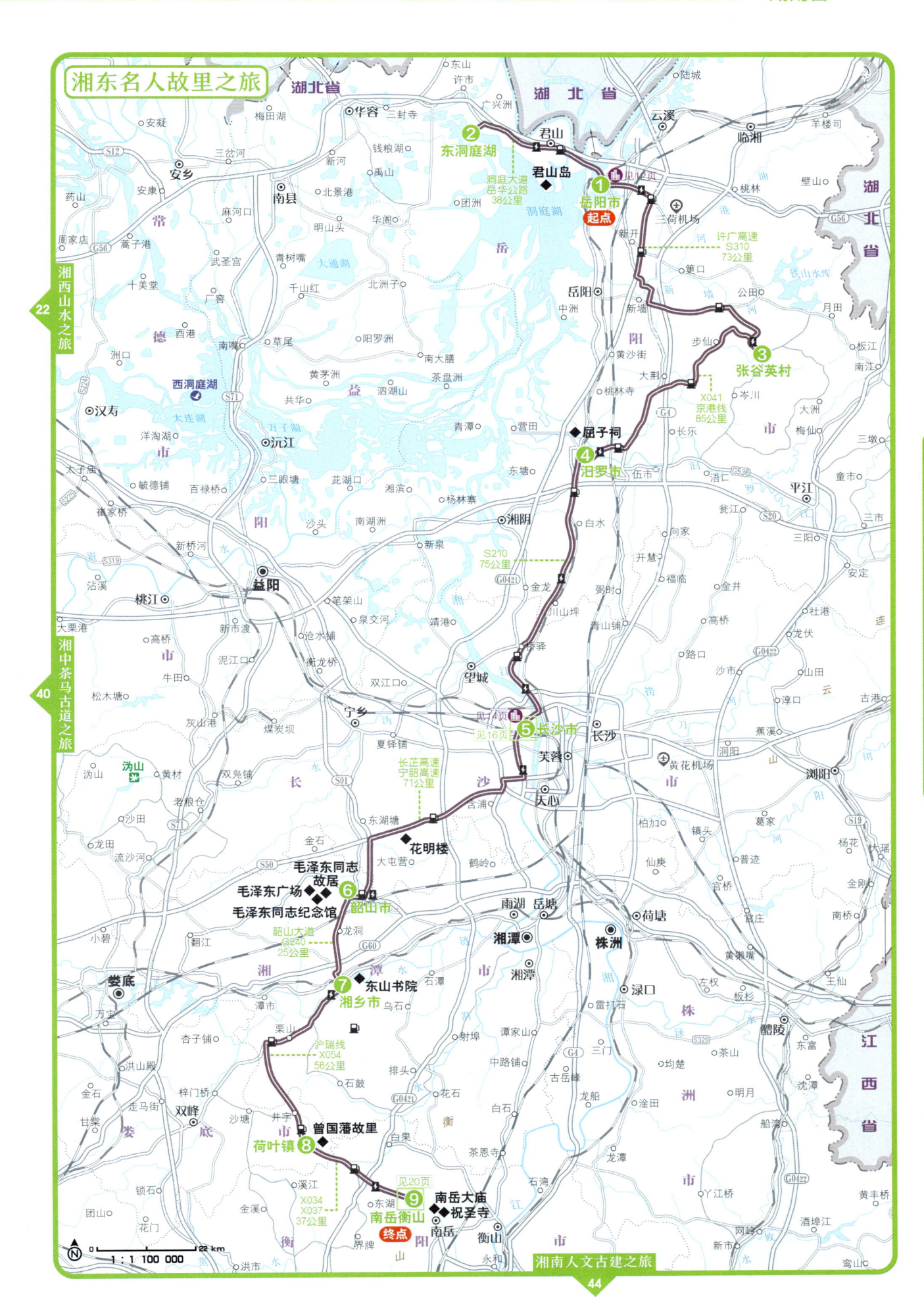

湘东名人故里之旅

途中亮点
岳阳市 0730

◆ 岳阳楼
见本页地图

"洞庭天下水,岳阳天下楼",岳阳楼位于岳阳古城西门城墙之上,在洞庭湖畔,源于东汉建安所修建的阅兵楼。唐开元四年(716年)扩建,孟浩然、李白、杜甫等多位诗人登楼游览,吟诗作赋。北宋滕宗谅谪守巴陵郡后下令重修岳阳楼,邀从未来过此地的好友范仲淹作《岳阳楼记》一篇,使得岳阳楼闻名于世,被称为"江南三大名楼"之一。岳阳楼历代屡加重修,最近的一次大修是在1984年,沿袭清光绪六年(1880年)所建时的形制与格局。

岳阳楼坐东朝西,楼高19.42米,为三层、四柱、飞檐、盔顶式纯木结构。二楼展示的《岳阳楼记》雕屏是清朝书法家张照的真迹,兼具楷书、行书、行楷、草书四种字体,值得细细品味。岳阳楼景区内还有双公祠、五朝楼观、碑廊等多处景点。景区现在实行一种特殊的门票制度——在5分钟内背诵《岳阳楼记》全文,即可免费领取当日门票一张。景区的停车场位于洞庭湖北路,邻近景区,停车很方便。

门票: 70元
营业时间: 5月至9月 7:00—18:30,10月至次年4月 7:30—18:00
微信公众号: 岳阳文旅公司

◆ 南湖
见本页地图

岳阳市区南部的南湖连接着洞庭湖,一条长约20公里的环湖步道以南湖广场为起点围绕南湖修建起来,成为当地市民锻炼身体的好去处,也串起了岸边20多处大小景点。你可以选择租自行车环湖,也可以在南湖西岸的南津古渡乘坐游船游湖。

北岸分布着岳阳市博物馆、南湖公园和三眼桥。南湖公园是一座草木葱茏的市民公园,位于南湖广场以东的一座半岛之上。三眼桥位于南湖东北角,始建于宋庆历年间,因三孔连缀,故称三眼。西岸则有南津古渡和圣安寺,圣安寺始建于唐代,如今的建筑是1997年重修的,寺庙的殿宇依山而建,拾级而上,依次有山门、天王殿、大雄宝殿、岳阳塔等建筑。如时间和精力允许,还可以前往湖的南岸,那里有木鱼山、龙山等景点。龙山前有九个独立小岛(龟山),好似一条龙在追赶九只乌龟,被称为"一龙九龟"。

门票: 免费
营业时间: 全天开放

◆ 君山岛
见11页地图

君山岛位于岳阳市区以西15公里处,是洞庭湖上的一座小岛,与东边的岳阳楼遥遥相望,枯水期时与北边的陆地相连,成为半岛。景点主要集中在岛的南部,湘妃祠、二妃墓、柳毅井、同心湖是君山岛上的主要景点。湘妃祠、二妃墓的来历和舜帝的两个妃子娥皇、女英有关,传说她们来此殉夫并葬于此地。湘妃祠有"江南第一祠"之誉,主殿供奉着二妃,据史料记载,其历史可以追

▼ 岳阳楼

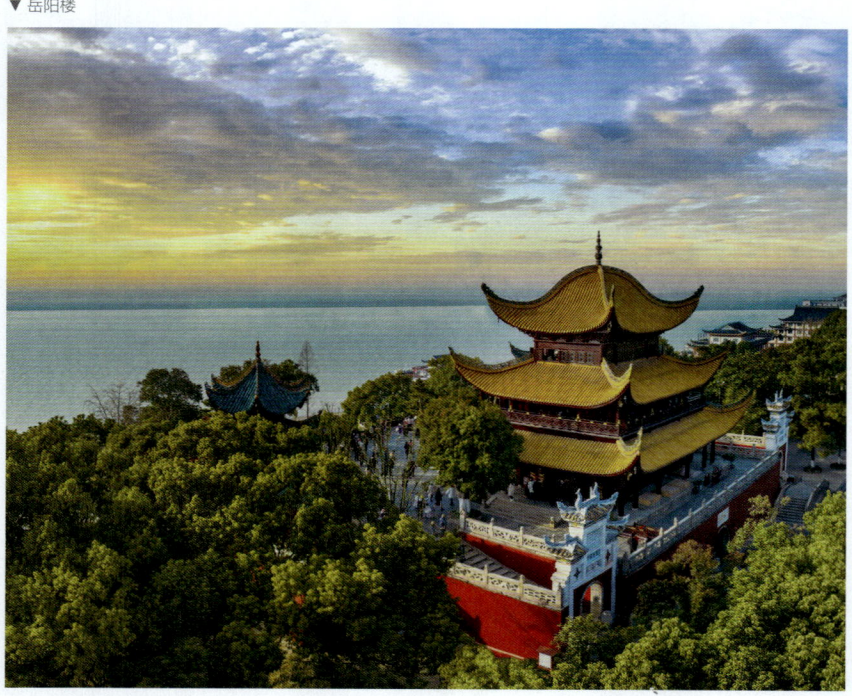

溯到秦代以前。二妃墓后有一片斑竹林，竹子上长满紫褐色的斑点，传说是二妃的眼泪所化，被称为"湘妃竹"。君山岛出产一种传统名茶——君山银针，也就是《红楼梦》中贾母爱喝的"老君眉"。可以在君山岛上的君山御茶园购买茶叶，这里是君山茶业的形象店。停车场位于景区的东北角，与旅游路相连。

门票： 78元

营业时间： 8:30—17:30

微信公众号： 岳阳文旅公司

◆东洞庭湖   见11页地图

洞庭湖是我国第二大淡水湖，包括西洞庭湖、南洞庭湖和东洞庭湖三个湖盆。东洞庭湖国家级自然保护区位于长江中游荆江江段南侧，濒靠岳阳市，因丰富的动植物资源在1992年成为中国首批加入"国际重要湿地公约"的六个国际重要湿地之一，主要保护对象为湿地生态系统和珍稀鸟类。经科学考察，保护区内已记录到鸟类359种，其中被列为国家一级保护鸟类的有白鹤、白头鹤、东方白鹳、黑鹳、中华秋沙鸭、白尾海雕等18种，国家二级保护鸟类有小天鹅、鸳鸯、灰鹤、白额雁等66种。

门票： 免费

营业时间： 全天

微信公众号： 湖南东洞庭湖国际重要湿地

来东洞庭湖观赏鸟类和麋鹿

旅行者来东洞庭湖主要是为了观赏鸟类和麋鹿。每年9月至次年4月，近30万羽候鸟来此栖息、繁衍，白鹤更是不远万里从北极圈而来。每到奇数年的12月，东洞庭湖会举办洞庭湖国际观鸟节，届时会有各种观鸟活动。每年4月至9月，也可看留鸟和夏季候鸟，但种类和数量没有冬季候鸟那么丰富。观鸟最好自备望远镜，服装的色彩不宜过于鲜艳。

1998年长江洪水时，从湖北石首天鹅洲麋鹿保护区冲垮的围栏中流落出来的数头麋鹿，在洞庭湖湿地发展到约200头，成为我国自然野化程度最高的麋鹿种群，不过观赏麋鹿的机会可遇不可求。东洞庭湖还生活着一百多种鱼类，包括国家一级保护动物中华鲟和白鲟，长江独有的江豚也在这里游弋。

◆张谷英村   见11页地图

张谷英村是一座拥有500多年历史的古村落。张谷英是明朝时的官吏，祖籍江西，迁居此地繁衍生息，发展成了整个村落。如今在此居住的两千多名张姓村民都是张谷英的二十几代传人。村子的206个天井连接起1700多间房屋，一条西进东出的游览路线，串起了张谷英村的建筑群——由当大门、王家塅、上新屋三大群体组成。

建筑群的总体布局依地形呈"干枝式"结构，主堂与横堂都以天井为中心组成单元，各个单元自成庭院。最大的特点是采光、排水设施完整——屋顶的四方天井对应院中的四方水槽，轻松解决两大难题；房屋的屋顶还有截断火源的设计。

张谷英村的非物质文化遗产十分丰富，包括地方风俗、民间礼仪、民间节庆、民间艺术、特色饮食等，景区北端的民俗展览馆展现了村落的文化渊源和特色非遗。

门票： 45元

营业时间： 8:00—17:30

微信公众号： 张谷英旅游景区

▼ 洞庭湖大桥

湘东名人故里之旅

长沙城区

◆ **屈子祠** 见11页地图

屈子祠，又称三闾祠，位于岳阳市汨罗市玉笥山麓汨罗江边，为纪念我国伟大的爱国诗人屈原而修建，始建于汉代，历代屡经修葺，今屈子祠系清乾隆十九年（1754年）迁建于此。整座建筑坐北朝南，是典型的江南古建筑风格，从玉笥山脚至祠有石阶119阶，祠堂为单层檐砖木结构，三进三厅，祠正门牌楼墙上绘有13幅屈原生平和他对理想追求的写照的浮雕。正殿的神龛供奉着"故楚三闾大夫屈原之神位"的牌位，两侧的厢房则为屈原纪念馆。庭院天井中种有几株树龄200年以上的桂花树。屈子祠外一侧的小山坡上有一座独醒亭，站在这里可以眺望汨罗江及对岸的湿地公园。

门票： 免费
营业时间： 8:00—17:00，周一闭馆
微信公众号： 屈子文化园管理中心

汨罗的端午节

公元前278年农历五月初五，楚国三闾大夫屈原在汨罗江入洞庭口的河泊潭，纵身一跃。两千多年来，纪念屈原的活动延续至今。汨罗平时游客不多，但每逢端午，人们从四面八方赶来屈子祠祭拜，此时的节庆活动也异常丰富和热闹。在汨罗，端午节的隆重程度与春节相当。

汨罗江国际龙舟节持续一周左右，主会场设在沿江大道的汨罗江国际龙舟竞渡中心，主要包括传统龙舟巡演和民间龙舟竞渡等活动。除了最热闹的龙舟赛，吃粽子、插艾草、唱老戏等传统活动也依然在延续着。端午朝庙是汨罗独有的习俗，当地人请出龙舟龙头到当地祠、庙祭祀，祈求龙舟比赛顺利平安、旗开得胜。如果你恰好在端午节期间到访汨罗，一定不要错过这些精彩的活动。

长沙市 0731

◆ **橘子洲** 见本页地图

橘子洲位于岳麓区的湘江中心，是湘江下游面积最大的沙洲，甚至有"中国第一洲"之称。1925年，32岁时的毛泽东正是在这里写下那首气象壮阔的《沁园春·长沙》，如今意气风发、眼神坚定的毛泽东青年艺术雕塑已成为橘子洲的标志，雕像位于橘子洲的南部，面向滔滔的湘江水，是最热门的拍照地点。耸立在公园中央的巨型汉白玉纪念碑特别醒目，正面镌刻着毛泽东手书"橘子洲头"，背面是《沁园春·长沙》全文。洲上还有由天伦造纸厂旧址改建的长株潭两型社会展览馆，充分运用高科技展示了长株潭"两型社会"实验区的建设成就。

景区内有观光车，可以结合乘坐观光车和步行来游览，全程徒步绕一周为6.8公里，会比较累。景区门票免费，但需要在官方微信公众号上提前预约。景区停车须提前在小程序上预约，且停车场在周末和节假日、大型活动期间不对外开放，建议坐

湖南省 15

▲ 橘子洲头的毛泽东青年艺术雕塑

▼ 岳麓书院里的牌匾

地铁2号线到橘子洲站下车,可以更便捷地到达景区。

门票：免费

营业时间：7:00—22:00

微信公众号：岳麓山 橘子洲旅游区

◆**岳麓书院** 见14、16页地图

岳麓书院是中国历史上的四大书院之一,坐落于湘江西岸的岳麓山脚下、南大门附近,作为世界上最古老的学府之一,是中国现存规模最大、保存最完好的书院建筑群。

书院最早自北宋开元九年(976年),潭州太守朱洞在僧人办学的基础上,由官府捐资兴建。如今的建筑都为明清遗构,讲堂、湘水校经堂和文庙等核心场所都位于中轴线上,两侧则分列斋舍、祠堂,还有园林亭苑点缀其间,整体散发出庄重、典雅和幽静的气质。

现存的大门为清同治年间重建,宋真宗亲题的"嶽麓书院"位于其上,两边有楹联"惟楚有才,于斯为盛",分别出自《左传》

湘东名人故里之旅

和《论语》。走过大门来到书院正中的讲堂，这里是书院的核心，大石上有朱熹撰写的书院校训——忠、孝、廉、节。抬头可见三块匾："实事求是"是民国初期迁入书院办学的湖南工专校长宾步程所撰；"学达性天"为康熙御赐，意为教育的目的是要达到天人合一的境界；"道南正脉"为乾隆所赐原物，意为表彰朱熹、张栻的湖湘学派是理学向南方传播后的正统。

入口左侧的中国书院博物馆是中国目前唯一展示中国书院史的专题博物馆。建筑外部是极简的现代风格，内部陈列布展则遵循古代书院曲径回环的风格。按书院的历史、教育、学术、祭祀、藏书与刻书分设 5 个主题，展品丰富，值得一看。

门票：40 元
营业时间：5 月至 10 月 7:30—18:00，11 月至次年 4 月 8:00—17:30，春节闭院三天
微信公众号：岳麓书院

◆ **湖南大学** 见 14 页、本页地图
湖南大学起源于岳麓书院，1903 年改制为湖南高等学堂，1926 年正式定为现名，历经沧桑，可谓中国高等教育发展史的缩影。校内 9 栋建于 20 世纪 20—50 年代的早期建筑，于 2013 年入选全国重点文物保护单位，其中 7 栋是建筑学家柳士英的作品。岳麓书院正门对面的大礼堂曾是长沙会战的司令部，以红墙绿瓦为基色，屋顶层层叠叠，有典型的中国传统宫殿式华丽风格与气派。现在的传媒学院曾是工程院，弧形立面和环环相连的圆圈设计如同机械带轮的转动。东方红广场旁的科学馆（今校办公楼）则见证了 1945 年 9 月 15 日的中国战区第四受降区日军投降仪式。

门票：免费
营业时间：全天
微信公众号：湖南大学

◆ **岳麓山** 见 14 页、本页地图
"麓"为山脚下，"岳麓"即为地处南岳衡山山脚下之意。橘子洲前，湘水环绕，山城相望，目之所及，天、江、山、洲、城浑然一体。岳麓书院、古麓山寺和云麓道宫分别为儒、释、道的代表，共处此地。而这座底蕴深厚的名山海拔其实不过 300 米，山上多古树名木，四季风景宜人，别具特色。

景区有南大门和东大门两个入口。大部分人文景点靠近南大门，包括山脚下的岳麓书院、清风峡中的爱晚亭、距今已有 1700 多年历史的古麓山寺以及位于山顶的云麓道宫。**爱晚亭**与杜牧的七言绝句《山行》中的"停车坐爱枫林晚"大有渊源，深秋时节，爱晚亭枫叶红遍的景色与这句诗形成完美的映照。**古麓山寺**位于半山腰，始建于晋代，后多次毁于战火，两株六朝古松仍岿然矗立于此。门楼两侧挂着著名的楹联"汉魏最初名胜，湖湘第一道场"。山巅的**云麓道宫**是道教第二十三洞虚福地，站在宫内的望湘亭可将橘子洲和长沙城尽收眼底。

百年前，湖南涌现了数以万计的辛亥革命志士，先后有 55 名烈士入葬岳麓山，黄兴、蔡锷、陈天华、禹之谟、姚宏业等人的墓地分布于山上各处。岳麓山还有 55 座抗战墓，其中规模最大、保存较完整的是

▼ 爱晚亭

位于赫石坡上的**陆军第七十三军抗战阵亡将士墓**，下方还有为第四路军阵亡将士修建的**麓山忠烈祠**。

门票：免费
营业时间：全天
微信公众号：岳麓山 橘子洲旅游区

◆ **新民学会成立会旧址** 见14页地图

新民学会成立会旧址位于岳麓山脚下，这座拥有5间青瓦白屋的农舍前，还有一片绿油油的菜地。1918年4月14日，毛泽东、蔡和森等在这间古朴的农舍开会，成立了"五四运动"时期湖南影响最大的进步社团——新民学会。湖南共产主义小组也于1920年在此诞生，为中国革命史谱写出光辉的一页。可惜旧址已毁于战火，如今看到的建筑是1972年按原貌复建的。这里距离岳麓山东门不远，可在游览完岳麓山后来此游览。

门票：免费
营业时间：9:00—17:00，周一闭馆

◆ **湖南博物院** 见14页地图

历经5年重建，湖南省博物馆于2017年重新开放（后于2022年更名为湖南博物院），馆藏文物超过18万件，有"长沙马王堆汉墓陈列"和"湖南人——三湘历史文化陈列"两个基本陈列，以及青铜、陶瓷、书画、工艺4个专题展馆。

"湖南人——三湘历史文化陈列"位于二楼，可以让你详细了解湖南自殷商青铜文明的开启，到楚人入湘、江西填湖广和"湖南熟天下足"的历史沿革，以及苗族、土家族、侗族、瑶族等少数民族的文化风俗。这里展出的青铜器极为精美，留意一下商代的几样盛酒器：凤鸟纹"戈"提梁铜卣（yǒu）、唯一一件野猪造型的豕尊、中国发现的唯一以人面为饰的方鼎都是馆藏珍品，迄今出土的最高大的"皿而全"铜方罍（léi）更是代表博物馆入选"国家宝藏"。

"长沙马王堆汉墓陈列"位于三楼，展馆内展出了辛追墓出土的大量随葬品。经过翻新，展览充分结合高科技手段，让漆器上的彩绘狸猫动起来，将T形帛画中的天界与人间生动而详细地分解介绍。辛追夫人被安置于地下一层，四壁播放着3D影像，呈现出四层棺椁上描绘的景象。

同时，湖南博物院还不定期推出临时展览，可通过其微信公众号了解展览的信息。可在其微信公众号和支付宝小程序上提前7天（不含当天）预约门票，最新一日门票的初始放票日期为每日20点。节假日和寒暑假期间，都将迎来参观高峰，尽早预约比较稳妥。

门票：免费
营业时间：周二至周日9:00—17:00，周一闭馆
微信公众号：湖南博物院

◆ **天心阁** 见14页地图

如今屹立于长沙城中的天心阁命途多舛，它始建于明末，重修于清乾隆年间，抗战期间因"文夕大火"被烧毁，后于1983年重建。如今的阁楼具有明清两朝建筑风格，阁中供奉着文昌帝君和奎星两尊神像，寄托着对长沙文运昌盛的美好祝愿。坐落于30多米高的城墙之上的天心阁，占据着城区的最高地势，与岳麓山遥遥相望，登临阁楼，全城之景可尽收眼底。天心阁所在的天心公园是市民们休闲放松的地方，清晨、傍晚都有市民在此吹拉弹唱，非常热闹。不妨加入他们之中，感受老长沙的城市氛围。

门票：公园免费，阁楼区门票32元
营业时间：公园6:00—22:00，阁楼区7:30—17:30
微信公众号：长沙市天心阁4A级景区

◆ **太平街** 见14页地图

这条不足500米长的老街，是长沙古城保留原有街巷格局最完整的一条街，保存着较为完整的"鱼骨状"街巷格局。因紧靠湘江，得地利之便，这里商贾云集达千年之久，20世纪初期，更是洋行密布，盛极一时。街上的民居和店铺都统一为白瓦脊、木

▼ 湖南博物院的展品"皿而全"铜方罍

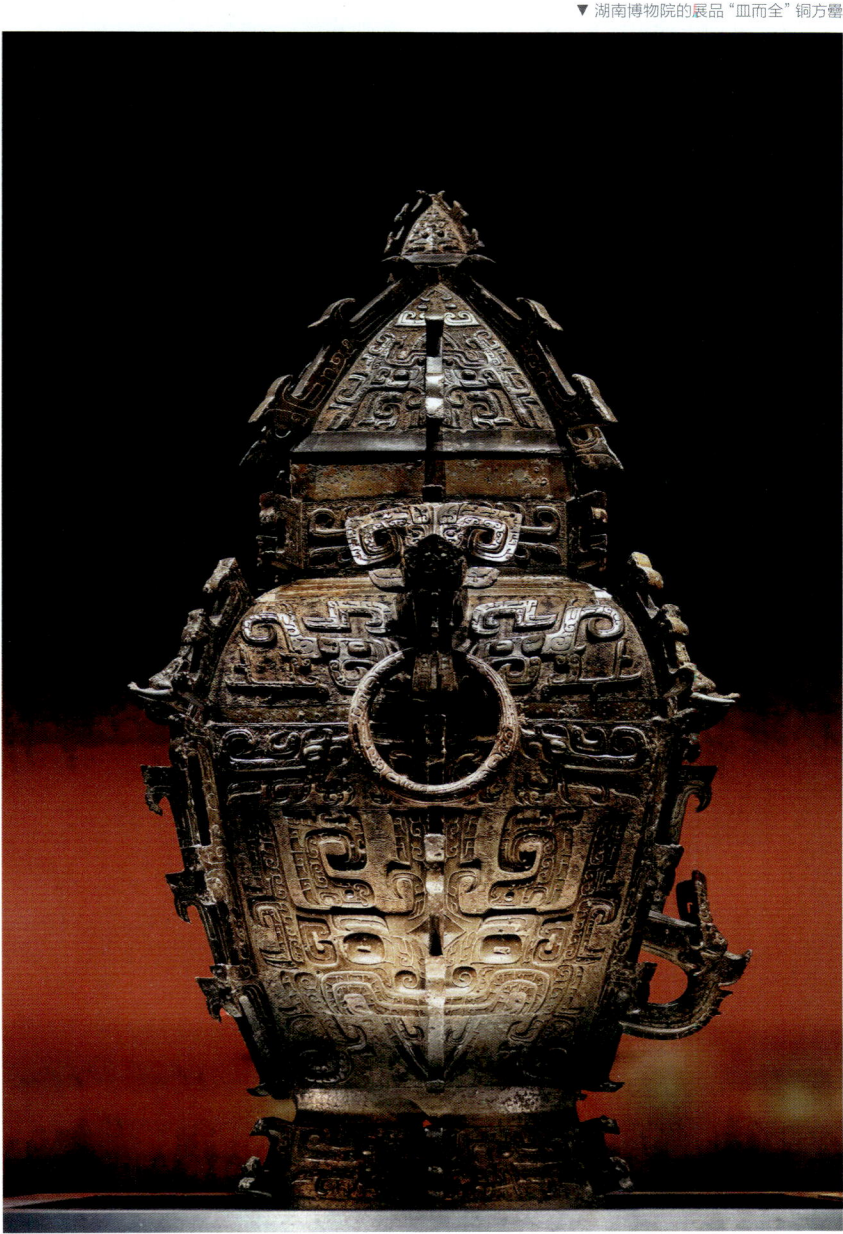

湘东名人故里之旅

门窗、青砖墙，天井四合院等传统格局也能在老式公馆内看到。这条街上还坐落着贾谊故居、太平粮仓、长怀井、明吉藩王府西牌楼等古迹。闲逛老街，尝尝地道的长沙臭豆腐、糖油粑粑等当地小吃，走入老长沙的生活。

太平街上的贾谊故居是西汉著名政论家、思想家和文学家贾谊被贬为长沙王太傅时居住的地方，是长沙作为"屈贾之乡"的标志性文化遗产，历经多次重建。门口的一口古井连续使用至今，太傅殿内布置成贾谊生平陈列展，读完历代文人留下的诸多感叹，不妨重温一下《过秦论》吧。

门票： 免费
营业时间： 全天

◆ **花明楼** 　　　　　　　　　见11页地图
花明楼景区位于长沙市宁乡市东南部的花明楼镇炭子冲村，是前国家主席刘少奇同志的故里，景区以刘少奇的故居和纪念馆为核心，配以铜像广场、文物馆、花明楼和修养亭等，形成一个园林式景区，现为全国重点文物保护单位以及全国爱国主义教育基地。

刘少奇同志纪念馆建筑为自由分散型园林式风格，纪念馆共有五个展厅，以"伟大的探索者，卓越的领导人"为主题，以800多件文物全面系统地展示了刘少奇的生平思想与丰功伟绩。刘少奇同志故居位于景区深处，1898年11月24日刘少奇诞生于此，至1916年在这里度过了童年和少年时代。故居始建于清嘉庆年间，坐东朝西，为土砖木结构、稻草与小青瓦覆顶的农村四合院，共有大小房间20间半，建筑面积约380平方米。景区内的花明园陈列着一架刘少奇坐过的飞机，这架伊尔18-240飞机，是中国1959年从苏联购买的第一批伊尔18型飞机中仅存的一架，保存较为完好，周恩来、陈毅等领导人都曾乘坐过。

花明楼位于长芷高速沿线，从长沙市前往十分便捷。

门票： 免费
营业时间： 9:00—17:00
微信公众号： 花明楼景区

湘潭市　0731

◆ **毛泽东同志故居** 　　　　　见11页地图
毛泽东同志故居位于湘潭市韶山冲上屋场，1893年，毛泽东诞生于这栋并不起眼的农舍之中，他在这里度过了人生的早年时光，后来他几次回乡也曾短暂停留。整座建筑坐南朝北，属土木结构的"凹"字形建筑，东边是故居，西边是邻居，中间堂屋两家共用。右厢房第二间是毛泽东父母亲的卧室，右厢房第三间是毛泽东少年时代的卧房兼书房。故居内的许多家具和生活用品都是毛泽东或其家人使用过的原物。

▲ 毛泽东同志故居

▼ 东山书院里少年毛泽东读书时的座位

湖南省　19

营业时间： 生平展区 9:00—16:00，周一闭馆；专题展区 9:00—17:00
微信公众号： 韶山毛泽东同志纪念馆

◆ **毛泽东广场**　见11页地图
这是韶山景区的中心地标。从入口景观石起沿瞻仰大道步行5分钟，6米高的毛泽东铜像矗立于眼前。你可以行注目礼，或像旅行团一样绕铜像一周后三鞠躬。景区售卖不同价格的花篮可供敬献。每年毛泽东的诞辰，人们从四面八方赶来广场参加各种纪念活动。
门票： 免费
营业时间： 全天

◆ **东山书院**　见11页地图
东山书院建于1895年，是毛泽东走出韶山、踏上革命征途的第一站。作为中国最早的新式学堂之一，曾开设算学、格致、方言、商务四斋课程。1910年秋，17岁的毛泽东被东山书院破格录取。
一潭清水环抱的书院十分气派，正殿供孔子像，东壹斋和西肆斋分别是毛泽东的自修室和寝室，东斋后面的大教室仍保留着毛泽东读书时的座位。外围的环湖跑道和书院后面的东台山国家森林公园则是他当年锻炼身体之处。此外，西云斋和东后斋还设有陈赓、谭政两位校友的生平业绩陈列室。书院正门斜对面的毛泽东与东山学校陈列馆以1936年毛泽东与美国记者埃德加·斯诺的谈话内容为线索，以第一人称讲述了毛泽东在东山学校求学、励志和成长的过程。
门票： 免费
营业时间： 8:00—17:30

娄底市　0733

◆ **曾国藩故里**　见11页地图
晚清重臣曾国藩是中国近代的军事家、理学家、政治家、书法家、文学家，也是湘

▼ 曾国藩故里富厚堂

门票： 免费
营业时间： 8:30—17:00
微信公众号： 韶山毛泽东同志纪念馆

◆ **毛泽东同志纪念馆**　见11页地图
毛泽东同志纪念馆是全国唯一一家系统展示毛泽东生平事迹、思想和人格风范的纪念性专题博物馆，馆名由邓小平题写。其中的生平展区以"中国出了个毛泽东"为主题，全面展示了毛泽东从青少年时代到1976年逝世的人生历程和革命功绩。展馆每15分钟统一入场一次，并有讲解员全程解说，十个展厅的参观时间约为40分钟。专题展区主要有四个展览。一层是毛主席文物展，大到会见尼克松时用的沙发、吉姆汽车，小到卧床阅读时用的单腿眼镜，还有大量的菜单、账本、笔记、书信等文字材料，千余件遗物还原出毛泽东朴素的生活习惯和情趣。展厅每到整点有免费讲解。二层还有毛主席诗文书法、毛主席一家六烈士和永远的缅怀三个主题展览。全馆细细看下来需要2小时。
门票： 免费

湘东名人故里之旅

南岳衡山景区

▲ 南岳衡山祝融峰

军的创立者和统帅。娄底市双峰县荷叶镇是曾国藩的祖籍和出生地，保存了他出生时的旧居和功成名就后修建并居住的宅院，其中富厚堂和白玉堂是最核心的两处景点。

富厚堂位于荷叶镇富托村，又名毅勇侯第，始建于清同治四年（1865年），是曾国藩拜相封侯后，按照侯府的规制修建的。整座建筑主要为土石砖木结构，回廊式风格，呈中轴对称，两进主楼居中而立，八本堂、求阙斋、旧朴斋、艺芳馆、思云馆坐落其中，前有半月塘，背倚后山。富厚堂前种植了2000多亩荷花，每至盛夏时节，荷花便尽情绽放。富厚堂的正厅为八本堂，内部有关于曾国藩的生平展览。三座藏书楼曾藏书达30多万册，分别为公记、朴记、方记。

白玉堂位于荷叶镇天坪村，是曾国藩的出生地，始建于1808年，是两进两横的砖木结构建筑，内部复原了曾家的生活场景，介绍了曾氏的家风、家训。

门票： 55元
营业时间： 8:30—17:30
微信公众号： 曾国藩的故园

衡阳市　0734

◆ 南岳大庙　　　　　　　见11页地图

南岳大庙位于南岳区南岳衡山山脚下、康家坨入口附近，始建于唐代，经过多次重建和扩建，如今所见的建筑体为清光绪八年（1882年）按照北京故宫的样式重建的，因而有"江南小故宫"之誉。南岳大庙的建筑布局精巧，分为九进四重院落，包括正殿、寝宫、御书楼、盘龙亭等建筑。整个庙宇被红墙围绕，角楼高耸，寿涧山泉绕墙流注。从南门棂星门进入，七进才到主殿圣帝殿，内供奉岳神，殿内外72根大柱则象征着衡山的72峰。值得一提的是，南岳大庙是佛道共存的代表，东侧有八个道观，西侧有八个佛寺，体现了中国寺庙的独特之处。

门票： 旺季（5月至10月）60元，淡季（11月至次年4月）40元
营业时间： 夏7:00—18:00，冬7:30—17:30
微信公众号： 乐游南岳

◆ 南岳衡山　　　　　见11页、本页地图

衡山属于中国传统名山"五岳"中的南岳，由于地理位置靠南，山中一年四季都是满目苍翠，树木茂盛，又有"五岳独秀"的美称。在中国脍炙人口的成语"寿比南山"中的南山，指的就是衡山。爬衡山、观日出、烧香祈寿祈福，是在衡山旅行的主要活动，同时衡山雾凇堪称一绝，每年11月至次年3月，为雾凇多发期。门票包含山上的所有景点，缆车和观光车需单独购票。景区内主要景点包括南岳忠烈祠、南台寺、祝融峰等。

南岳忠烈祠建于1943年，是中国规模最大的抗战烈士纪念陵园，由祠宇和墓葬区两大部分组成，祠宇为宫殿式建筑，共五进。其中，七七纪念碑的五颗石制巨型炮弹直指蓝天，象征着中国各族人民团结一心，同仇敌忾，奋起抗战的决心。**福严寺**由南朝慧思大师创建，距今已有1400多年的历史，寺庙内外有四棵古银杏树，据说与寺庙的年岁相同，深秋时期一片金黄。**南台寺**是海印禅师创建的六朝古刹，更被日本佛教曹洞宗视为祖庭，对方在光绪年间还曾送来日本印藏经一部。海拔约1300米的**祝融峰**为最高峰。相传祝融氏是上古火神，主管南方事务，祝融峰一名也因此而得。祝融峰上有祝融殿，因为山高风大，所以建筑以坚固的花岗岩砌成。每年都有络绎不绝的游客登上祝融峰顶，观看日出，眺望群山、丛林与湘江美景。

门票： 旺季（5月至10月）110元，淡季（11月至4月）80元
营业时间： 8:00—17:30
微信公众号： 乐游南岳

◆ 祝圣寺　　　　　　　见11页地图

祝圣寺位于南岳大庙东面不远处，始建于唐代，在康熙年间曾被改建成一座宏大的行宫，后又改回寺院。祝圣寺主体建筑共有五进，分为天王殿、大雄宝殿、说法堂、方

湖南省 21

▼ 长沙美食臭豆腐

丈室、罗汉堂。主殿大雄宝殿里有赵朴初题写的"说法堂""方丈室""天王殿"三块金字匾额。罗汉堂原有五百罗汉雕像，全部用青石镌刻，嵌在左右墙壁上，活灵活现，是南岳文化宝库中的一颗明珠。可惜"文化大革命"中，罗汉全部被毁，现仅存五百罗汉像的拓本，陈列在南岳大庙的书画馆里，供游人观赏。

门票： 5元
营业时间： 7:30—17:30

食宿推荐

当地美食
- **岳阳市** 全鱼席、岳阳三蒸、君山虾饼
- **长沙市** 口味虾、臭豆腐、糖油粑粑
- **湘潭市** 毛家红烧肉、葱油粑粑、药糖
- **娄底市** 三合汤、穇子粑蒸鸡、雪花丸子
- **衡阳市** 鱼粉、卤粉、白沙烧饼、坛子菜

热门住宿地
- **岳阳市** 火车站、南湖广场、得胜路
- **汨罗市** 建设中路、屈子文化园
- **长沙市** 火车站、岳麓山下、湘江东岸
- **韶山市** 毛泽东同志故居、韶山汽车站周边
- **南岳衡山** 延寿亭和半山亭、南岳镇

湘东名人故里之旅

2 湘西山水之旅

张家界市 ➡ 湘西土家族苗族自治州

里程：581公里
天数：9天
驾驶难度：★★☆☆☆
新能源车友好度：★★☆☆☆

驱车深入湘西的大山，这是一条景观连连的热门线路，囊括了张家界、芙蓉镇等传统景区，还有世遗老司城、跨越天险的矮寨大桥、电视剧《乌龙山剿匪记》的发源地乌龙山大峡谷，以及酉水河边的古镇。目前，湘西高速公路完善，串联各地，其他道路也基本是铺装路面。夏季游客众多，春节、国庆等法定节假日容易形成拥堵，最好避开这些时段。

行程安排

第1天 ①张家界市
在张家界市永定区游览**天门山**，夜宿张家界市。

第2-3天 ①张家界市 ➡ ②武陵源区　34公里
从张家界市出发，途经大庸路、武陵山大道至武陵源区，游览**武陵源景区**，先沿金鞭溪漫步，依次游览水绕四门、十里画廊，再乘坐百龙天梯上山，前往袁家界，游览哈利路亚山、天下第一桥、迷魂台等经典景点。次日，从天子山索道下站乘坐缆车到达索道上站，乘坐景区车，依次前往天子山的贺龙公园、御笔峰游览，再乘车前往杨家界游览。夜宿武陵源区。

第4天 ②武陵源区 ➡ ③芙蓉镇　127公里
从武陵源区出发，沿张花高速、G352至湘西土家族苗族自治州永顺县芙蓉镇，游览**芙蓉镇**和周边古丈县的**红石林**、**坐龙峡**。4月至10月是猛洞河漂流季，芙蓉镇北部有经营猛洞河漂流的机构。夜宿芙蓉镇。

第5天 ③芙蓉镇 ➡ ④永顺县　40公里
　　　　④永顺县 ➡ ⑤龙山县　84公里
沿G352、S230前往永顺县，游览永顺县的**不二门**和**老司城**，再沿龙吉高速前往龙山县，夜宿龙山县。

第6天 ⑤龙山县 ➡ ⑥乌龙山大峡谷　39公里
　　　　⑥乌龙山大峡谷 ➡ ⑦洛塔石林　55公里
　　　　⑦洛塔石林 ➡ ⑧洗车河镇　28公里
从龙山县沿S260、S231前往**乌龙山大峡谷**，游览完毕后沿着X012、X011前往**洛塔石林**，游览完毕后沿着X011来到洗车河镇，夜宿洗车河镇。

第7天 ⑧洗车河镇 ➡ ⑨惹巴拉　10公里
　　　　⑨惹巴拉 ➡ ⑩隆头古镇　18公里
　　　　⑩隆头古镇 ➡ ⑪里耶古城　22公里
游览**洗车河镇**，再沿X011来到**惹巴拉**，游览完毕后，沿X001、X011来到**隆头古镇**，欣赏这一带的酉水河风光，然后沿着X027、S231前往里耶古城，游览**里耶秦简博物馆**和**里耶古城**。夜宿里耶古城。

第8天 ⑪里耶古城 ➡ ⑫茶峒古镇　49公里
游览**里耶古城遗址公园**和**八面山**，然后沿着S231前往花垣县**茶峒古镇**，游览完毕后夜宿古镇。

第9天 ⑫茶峒古镇 ➡ ⑬矮寨大桥　53公里
　　　　⑬矮寨大桥 ➡ ⑭吉首市　22公里
从茶峒古镇出发，沿着包茂高速、苏北线前往吉首市，游览**矮寨大桥**和**德夯苗寨**，再沿着苏北线前往湘西州首府吉首市，结束行程。

湖南省 23

湘西山水之旅

途中亮点

张家界市　0744

◆**天门山**　见本页地图

天门山位于张家界市城区（永定区）南郊8公里处，因山体间自然形成的中空洞穴天门洞而得名。峭壁雄伟壮丽，山间保存着完整的原始次生林，古树参天，藤蔓缠绕。天门洞位于天门山山体中部，高131.5米、宽57米、深60米，是世界罕见的高海拔天然穿山溶洞。山顶的天门山寺自唐朝建成以来香火鼎盛，寺外有七级浮屠，掩映于青枝绿叶中，古雅幽清。

游玩天门山，不能错过的旅游项目是坐缆车。天门山索道全长7455米，高差1279米，单程约半小时，建成时系"世界最长高山观光客运索道系统"。乘坐索道，你可以到达市区上空，跨越张家界火车站和农家田园。而到了索道中站，缆车陡然直升，贴着悬崖爬升到海拔1500多米的山顶，更是

▼天门山

武陵源景区

▼ 武陵源景区的野生猕猴

紧张刺激。天门山有一条"通天大道",建成于2005年,于悬崖中盘旋而上,号称"99道弯",如果容易晕车,可提前备好药。

悬崖绝壁上的玻璃栈道也是天门山的一大特色,山顶环线有两处玻璃栈道可供选择,每次收费2元,也可以选择免费的平行路线走完相同路段。玻璃栈道都在悬崖外侧悬空处,行走过程极为惊险刺激。

门票: 双程索道套票278元
营业时间: 6:30—17:00
微信公众号: 张家界天门山景区

◆ **武陵源景区**　　见23页、本页地图

世界自然遗产武陵源独特的砂岩峰林景观地貌令人震撼,这里石峰林立,植被茂盛。在划为世界地质公园的近400平方公里的地界内,拔地而起的石崖达3000多座,形态各异,其中高度超过200米的有1000多座,最高的金鞭岩更是高达350米。景区四周坐落着五个入口,分别是天子山、森林公园、武陵源(吴家峪)、杨家界(中湖)和梓木岗(水绕四门),游客最常用的是东边的武陵源门票站和南边的森林公园门票站,其次是天子山门票站。

金鞭溪从西南边流过来,一直向东流,从武陵源的门票站流出去,成为武陵源城区的

▲ 武陵源景区的百龙天梯

城市河流。森林公园门票站位于水系的起点，而武陵源门票站位于水系流出景区的终点。金鞭溪的南边被当地人称为"山下"，山下主要分布着十里画廊、水绕四门、金鞭溪三个峡谷景点，在金鞭溪的西边是黄石寨，东边是鹞子寨；水系北边则被称为"山上"，要徒步、搭乘缆车或者山体电梯上到山顶平台才能观景，主要分布着天子山、杨家界、袁家界等景点，各景点之间有免费的环保公共汽车运行，招手可停。

金鞭溪
金鞭溪因流经金鞭岩得名，是一条曲折的河谷，全长7.5公里，石板游道5.7公里。全程游览均为步行，需2.5小时左右。金鞭岩是张家界数以千计的奇峰怪石中又一典型，它从山间拔地而起，三面笔陡，因形同古代兵器中的鞭而得名。

袁家界
袁家界主要是一条悬崖边的游道，是张家界最经典的风景。进入袁家界，首先看见的是整个峡谷中的峰林，也就是后花园，峡谷对面就是黄石寨。沿着游道西行30分钟后，可以看到一根直立的乾坤柱，也就是所谓的阿凡达哈利路亚山了，再走20分钟到天下第一桥，这是一座天然石桥。

天子山
武陵源另一个核心景区天子山以石林奇观而著称，有"峰林之王"的称号。这里石峰高耸，石壁宽阔，包括鸳鸯溪、黄龙泉、石家檐等6个小景区，其中以石家檐内的景点最为著名，主要有坐落于1200米高的千层岩左侧的贺龙公园、御笔峰等。在贺龙公园内，屹立在云青岩上的贺龙铜像与大自然浑然一体，独特且艺术感十足。御笔峰是张家界标志性的一处景点，山谷中数十座错落有致的秀峰突起，靠右的石峰像倒插的御笔，靠左的石峰似搁笔的"江山"。

杨家界
杨家界位于张家界国家森林公园西北部，北邻天子山，属于武陵源核心景区。这里山势壮丽，奇峰林立，最高海拔1130米。动植物资源也十分丰富，悬崖沟谷中栖息着上千只猕猴，白鹤坪中上万只白鹭会聚，崇山峻岭中可见奇异的五色花、绝壁藤王，森林覆盖率高达95%。乌龙寨和天波府是杨家界的主要景点，还有惊险的空中走廊，这是一段在悬崖边的小路，对于恐高的人来说是巨大的考验。

门票： 227元（包含环保车费），自入园首日算起，4日有效，可无限次数进入武陵源景区。
营业时间： 7:00—17:00
微信公众号： 张家界国家森林公园

湘西的影视取景地

芙蓉镇 1986年，导演谢晋来到湘西州永顺县王村拍摄了由刘晓庆和姜文主演的电影《芙蓉镇》，令这座土司王的旧府一夜成名，小镇的名字也因此改为芙蓉镇。

乌龙山 同样是1986年，另一部电视剧《乌龙山剿匪记》讲述了中华人民共和国成立初期人民解放军剿除湘西土匪的故事，曾引起收视热潮，成为一代人的记忆。故事发生地和拍摄地就在湘西州龙山县乌龙山。

红石林 亲子综艺《爸爸去哪儿》第四季走进了湘西州古丈县红石林，这里拥有一片罕见的红色石林。

矮寨大桥 导演宁浩的喜剧片《心花路放》在湘西州德夯大峡谷之上的矮寨大桥取景，壮观的景色带给观众极大的震撼。

特别呈现

漫步芙蓉镇

起点：土司王府
终点：铜柱园
距离：2公里
需时：3小时

芙蓉镇的格局是古镇在上方，瀑布在下方，从官方入口进入景区，首先来到 ❶ **土司王府**，游览完毕后，沿路往前走到十字路口右拐，❷ **溪州铜柱**就在路旁，是马彭歃血为盟的历史见证，❸ **贞节牌坊**则矗立在路中间，由贞节牌坊进入芙蓉镇的五里石板老街，一路上都是各式纪念品店，售卖各种旅游纪念品以及与电影《芙蓉镇》有关的商品。沿着老街逐步下行，来到 ❹ **跳岩**，跳岩连接左右两岸。体验完跳岩，继续沿着老街走到底，便来到 ❺ **酉水画廊** 和 ❻ **芙蓉镇码头**，在这里可以欣赏酉水河的风光。沿着码头边的栈道通往 ❼ **大瀑布**，近距离感受瀑布的磅礴气势。然后来到右岸的 ❽ **土王行宫**，游览完毕后沿着瀑布边的路来到 ❾ **观瀑台**，这里是最佳拍摄地点，可以将瀑布和古镇全部收入镜头。拍摄完瀑布后，沿路来到 ❿ **翼南广场**，再往前走来到 ⓫ **土王桥**，走过桥便是 ⓬ **铜柱园**。游览完毕后结束行程。

猛洞河漂流

如果你在4月至10月来到芙蓉镇，又对漂流感兴趣，不妨前往猛洞河来一场酣畅淋漓的漂流。漂流起点位于芙蓉镇前往永顺县的S230沿线的哈妮宫，终点是牛路河大桥，全长约17公里，用时约2.5小时，途中弯道155个，险滩13个。你可以在体验刺激的水上活动的同时，欣赏到原始森林、绝壁、瀑布等自然景观。落差达200米的落水坑瀑布是整趟旅程的亮点之一。可在芙蓉镇预订猛洞河漂流的门票，在公众号"猛洞河天下第一漂"获取相关旅行信息。

▼ 老司城墓葬区的石像生

湘西土家族苗族自治州　0743

◆ **芙蓉镇**　　见23页、本页地图

芙蓉镇原名王村，因电影《芙蓉镇》在此取景而出名，此后更名为"芙蓉镇"。古镇距今已经有2000多年的历史，昔日这里是土司王的旧府所在地，土司王朝以此地为中心统辖四省区（湘、鄂、渝、赣）边区二十余州。

沿着古镇内铺满青石板的老街向前走，两旁保留着不少当地民居，很多民居的墙壁都是用木板拼接而成的，不少木板已经变色发黑，不知不觉中打上了岁月的印记。一条小河在镇子里流淌，在汇入酉水前跌下悬崖，形成了壮观的瀑布，古镇就位于瀑布两侧的山坡上，因此芙蓉镇又被称为"挂在瀑布上的千年古镇"。从老街往下走可以直接下到瀑布，直观地感受瀑布的壮观，最佳观瀑点在翼南广场下的一个平台。

古镇的铜柱园广场上建造了一组雕像，再现了马彭歃血为盟（公元940年，楚王马希范与溪州刺史彭士愁多年交战媾和，缔结盟约，划疆而治）的历史，溪州铜柱的真品保存在溪州铜柱馆内。在芙蓉镇的微信公众号上，有古镇的VR全景展示。

门票：108元
营业时间：7:30—18:30
微信公众号：湘西芙蓉镇旅游

湖南省 27

▲ 芙蓉镇

◆红石林 见23页地图

位于古丈县的红石林国家地质公园与芙蓉镇隔酉水相望，有着非常独特的喀斯特地貌。这片红色碳酸盐石林的历史据说已有4.5亿年左右。红石林在地域上属于4亿多年前的扬子古海，海底沉积了大量混合泥沙的碳酸盐物质，经地壳运动和侵蚀、溶蚀作用，最终形成这个美丽的地质奇观。景区以天池为核心，四周都是石柱、石崖、石墙、石峰、石峡，行走其中，仿佛置身于迷宫之中。石林的红色石灰岩里夹杂了很多泥沙碎石，并不那么坚固，最好不要攀爬。

门票: 120元
营业时间: 8:00—18:00
微信公众号: 湘西芙蓉镇旅游

◆坐龙峡 见23页地图

坐龙峡与红石林距离不远，同样与芙蓉镇隔酉水相望。在湖南的若干山水景点中，坐龙峡属于相当低调的一个。多年来，它一直隐藏在武陵山脉中，直至1993年才被一采药者发现，如今仍是鲜为人知的旅游景区。峡谷两侧狭窄，谷底流水淙淙，山谷落差处形成的瀑布奔腾而下。想抵达绝壁上的险峻之处，需要手扶铁链、脚踩溪水浸泡的岩石进行攀登，更适合热爱冒险的年轻人。游玩时需要注意安全，穿着合适的服装与防滑鞋。

门票: 98元
营业时间: 8:00—17:30
微信公众号: 湘西坐龙峡景区

◆不二门 见23页地图

不二门国家森林公园位于湘西自治州永顺县城以南不远处，"不二门"取自佛家"不二法门"之意，象征一种至高无上的修行境界。山川峡谷中，猛洞河静静流淌，绿意盎然的景象正是沈从文笔下的湘西风光。公园内有石灰岩溶蚀形成的不二石门、莲花池、八阵图等自然景观，不过最有名的当数公园内的温泉，这是当地人泡温泉的热门场所，如果你也喜欢，不妨融入他们。

门票: 免费
营业时间: 全天
微信公众号: 湘西不二门国家森林公园

◆老司城 见23页地图

永顺老司城是土司制度的遗存，这里曾作为永顺彭氏土司的政治、经济、军事、文化中心，具有重要的历史价值和深远的现实意义，于2015年与湖北恩施唐崖土司城遗址、贵州遵义海龙屯土司遗址联合入选《世界文化遗产名录》。老司城兴建于南宋绍兴五年（1135年），六百年后，于清雍正年间因"改土归流"而被废弃，逐渐冷落萧条。史书上有对老司城"五溪之巨镇，万里之边城"的记载，城内有八街十巷，交错纵横。遗址分为宫殿区、衙署区、街道区、墓葬区、宗教区和苑墅区六部分，总面积达25万平方米，体现了土司王朝鼎盛时期的壮丽图景。老司城的民居建筑，如吊脚楼，展现了土家族的建筑风格，顺山势自由分布，体现了崇尚自然、遵循自然的原则。

老司城遗址公园位于永顺县城东北15公里处，可以经由Y035前往。

门票: 98元
营业时间: 8:00—17:30
微信公众号: 世界文化遗产地老司城

◆乌龙山大峡谷 见23页地图

乌龙山大峡谷位于龙山县以南的S231沿线，大峡谷长约15公里，是电视剧《乌龙山剿匪记》故事的发源地和拍摄地，这里的最大看点是皮渡河两岸的溶洞，著名画家黄永玉曾称赞这里"龙山二千二百洞，洞洞奇观不可知"。这些溶洞以岩溶峡谷胜景和溶洞群规模巨大为主要特征。

其中鲢鱼洞已部分被开发，可以乘船进入，洞内有钟乳石等岩溶景观。鲢鱼洞的对面是飞虎洞，在乌龙山已知的溶洞中，被称为"万洞之首"，多国探险队曾入洞进行穿越考察，最长的一次在洞内长达28天，仍未找到洞的尽头。从公路边走上高高的台阶，便是飞虎洞的前厅，面积达3500平方米，

湘西山水之旅

▲ 惹巴拉的三岔风雨桥

高 22 米。再往里是未开发的原始洞穴，建议不要贸然进入。惹迷洞位于飞虎洞东北方向的 X013 沿线，长约 2.6 公里，因变幻多姿的景观而闻名。

门票：飞虎洞免费，鲢鱼洞 40 元，惹迷洞 80 元

营业时间：8:00—17:30

◆ 洛塔石林　　　见 23 页地图

洛塔石林位于龙山县洛塔乡楠竹村，洗车河沿岸的群山中，属于洛塔地质公园的一部分，是一处重要的地质遗迹景观。洛塔地质公园的总面积约为 143 平方公里，其中石林占据了近一半，这里尚未完全开发，外界对其知之甚少。与云南石林不同，洛塔石林并非光秃秃的，而是植被丰富，长满绿树，呈现出完全不同的风貌。

目前，公园内部已经初步开发了楠竹、龙湾、八洞仙山、九瀑沟 4 个景区，景区内岩溶发育，形态类型多样，地表溶丘洼地、漏斗星罗棋布，石林石芽簇状丛生，还有岩溶台地、孤峰、暗河、瀑布等地质景观。

门票：免费

营业时间：10:00—22:00

◆ 洗车河镇　　　见 23 页地图

湘西名镇洗车河地处龙山县城东南 65 公里处，北邻洛塔乡，居民以土家族为主。昔日这里是湘、鄂、川、黔四省的物资集散地，因洗车河上行的溪流太小，船无法航行，这里成为外来物资进入湘西北的终点，如今从镇上气派的深宅大院仍可以窥见曾经的繁荣。"洗车"是土家语"席泽"的汉字记音，实为水草之意。

▼ 洛塔石林中的瀑布

洗车河镇境内有明清吊脚楼、凉亭桥、石板街、河埠码头、明清院落等景区。凉亭桥是镇子上的风雨桥，坐落于洗车河上，桥头有马头墙月洞门，桥面两边是观景的美人靠。这座桥也是当地人的集市，各种小摊售卖当地小吃和生活用品，拥有浓郁的生活气息。桥西的坡子街是一条有特色的青石板街，既是街道又是山坡，青石条砌成的三百四十多级石阶两边便是一户户民居的

湖南省

湖南省 29

土家族传统织锦"西兰卡普"

西兰卡普是一种土家族的传统手工织锦，以色彩鲜明和纹样美观著称。在土家语中，"西兰"意为铺盖，"卡普"意为花，因此西兰卡普直译为"花铺盖"，这门手艺的历史可追溯至秦汉时期，如今已列入《国家级非物质文化遗产名录》。

西兰卡普的制作工艺十分复杂，采用通经断纬的方式，在斜织机上以麻、棉纱为经，多色彩的粗丝、毛绒线为纬，编织而成。其图案多样，从自然景观到生活场景，展现出土家族文化生活的方方面面。西兰卡普色彩热烈、构图精巧，结构严谨而富有韵律，纹样主要以菱形结构和斜线条构成，展现出几何对称和连续反复的美感。

大门，民居层层而上，极具参差感。
门票：免费
营业时间：全天

◆ **惹巴拉**　　见23页地图

洗车河与靛房河在惹巴拉相遇，汇聚成捞车河，三条河流呈人字形，这里的山、河、桥、寨相互交融，形成了"三山套三河，三河绕三寨，一桥通三域"的特色。"捞车"在土家语里指太阳晒得多的地方，"惹巴拉"则意为"美好和美丽的地方"。景区内有三岔风雨桥、土王宫、摆手堂、冲天楼、窨子屋、转角楼等建筑，富有土家族风情。土家族织锦（西兰卡普）是这里的非遗项目，土家族织锦技艺传习所就位于村内，是土家族织锦第一批国家级非遗传承人刘代娥女士创立的织锦作坊，展出了织锦的器具、织锦作品等。

门票：90元
营业时间：夏季 8:30—18:00，冬季 9:00—17:30
微信公众号：湘西惹巴拉旅游

◆ **隆头古镇**　　见23页地图

2003年，碗米坡电站的蓄水把"龙头"一样伸进酉水的古镇淹没在了水下，隆头古镇百年的水运历史也一去不复返。镇子也从此分成了两半：被淹区域的居民搬到了山上5公里外的喇叭口，重新建镇；其余居民依旧留守家园，生活在大大缩水后的隆头古镇。沿着盘山公路从新镇而下，能清晰地看到从隆头古镇向上延伸出的一条上山石板路，码头边的酉水河风光很清丽。如今的古镇比较萧条冷清，但仍有当年水运留下来的痕迹，而且没有其他古镇的喧嚣和商业化，喜欢清静的话，可以前来看看。

门票：免费
营业时间：全天

◆ **里耶秦简博物馆**　　见23页地图

2002年，里耶古城因出土3.74万枚秦简而闻名，这些简牍为秦代社会、政治、军事、经济等方面的研究提供了珍贵资料，被誉为"二十一世纪重大考古发现"之一。里耶秦简博物馆位于里耶古城以北约1.5公里处，是中国第一个以收藏、展示和研究秦简为主要功能的专题博物馆，外观呈现出浓郁的秦汉风，内部陈列了大量出土的战国至秦汉时期的文物，包括青铜器、陶制品、简牍等，这些展品以"古城印象""迁陵往事""酉水人家""迁陵县政"四大主题诠释了秦帝国文化，全方位地展示了秦帝国行

▼ 里耶秦简博物馆里的"九九乘法口诀表"竹简

湘西山水之旅

▲ 矮寨大桥

政运作及帝国边陲县邑的社会百态。
门票： 免费
营业时间： 9:00—17:00，周一闭馆
微信公众号： 里耶秦简博物馆

◆里耶古城　　　　　见23页地图
里耶古城位于龙山县西南部，北与隆头镇相邻，位于湖南、重庆交界之处，镇子内有酉水河流过。里耶在土家语里的意思是"开天辟地"，2002年，里耶古城因出土3.74万枚秦简而闻名于世，秦简亦成为里耶最大的亮点，到处都可见这一元素。挖掘出秦简的遗址公园是全镇中心，里耶古街区则位于遗址公园以南，夹在长沙街与酉水河之间，形成于清代初期，融合了豪门大宅、平民小户、临街铺屋三种不同的建筑风格，反映了古镇曾经的繁华。
门票： 免费
营业时间： 全天
微信公众号： 湘西里耶景区

◆里耶古城遗址公园　　见23页地图
古城遗址公园是秦简被发现和出土的地方，目前出土的文物都陈列在里耶秦简博物馆内。遗址公园包括城墙、城壕、井、道路、作坊及贫民居住区等，南北长210米，东西宽107米，遗迹区域有13处。公园内的北城墙和西城墙保存相当完整，有6米宽、3米深的护城河，形成坚固的防御体系。此外，还有被称为"中华第一井"的古城一号井，因其结构奇特并封存了大量秦简牍而闻名。
门票： 50元
营业时间： 9:00—16:30
微信公众号： 湘西里耶景区

◆八面山　　　　　　见23页地图
八面山位于里耶镇西北方向20公里处，上山要走盘山公路，因此从里耶镇出发需要花费近1个小时才能到达。八面山是典型的高山台地，以其奇峰、溶洞、绝壁等自然景观而著称。山上的空中草原是夏天当地人露营和野餐的地方。燕子洞是八面山最有名的景点，曾是湘西土匪的重要据点。燕子洞藏在悬崖陡壁的半山腰上，大小四个天然岩洞呈一字排开，仅有一条从崖壁上开凿的小路容一人通过。洞内漆黑一片，在没有当地向导的情况下，不要贸然进洞。不过这里山势极高，即使不进洞，也可以来到此处，观赏山下壮丽的风景。
门票： 免费
营业时间： 全天
微信公众号： 里耶八面山

◆茶峒古镇　　　　见23、31页地图
茶峒古镇，位于湘西州花垣县，这里才是沈从文的小说《边城》里边城的真正原型，而不是凤凰。2008年，"茶峒镇"改名为"边城镇"，但当地人的心里这里仍是茶峒。古镇内的景点主要有边城老街、民族博物馆、百家书法园、翠翠岛、白塔、茶师旧址等。古镇无须门票，翠翠岛、百家书法园等景点单独收费。如果想要乘坐游船前往翠翠岛或者体验拉拉渡，需另外付费。清水江对面是重庆秀山县的洪安镇，可以乘坐拉拉渡过去，或者通过洪茶大桥。洪安镇建在山坡之上，这里有一些古朴的民居和1949年刘邓大军进军大西南的纪念碑。
门票： 免费，部分景点单独收费
营业时间： 全天

◆矮寨大桥　　　　　见23页地图
位于矮寨镇的矮寨特大悬索桥，不仅是一座具有重要工程意义的桥梁，也是一处旅游景点。大桥建成通车于2012年3月31日，横跨德夯大峡谷，桥面距谷底355米。大桥全长1146米，主跨跨径1176米，是目前世界上峡谷跨径最大的悬索桥。

矮寨大桥作为高速公路的一部分，本身并不收取门票，但是设有观光通道和观景平台。游客可以通过景区提供的观光车和观光电梯到达观景平台，近距离观赏大桥。由于大桥周边是陡峭的山谷，经常有雾气环绕，所以尽量选择天气晴好的日子观赏大桥，否则大雾下观赏效果不佳。
门票： 168元
营业时间： 8:30—17:30
微信公众号： 矮寨奇观旅游区

湖南省　31

漫步茶峒古镇

起点： 茶峒古码头
终点： 白塔
距离： 约1.5公里
需时： 3小时

从 ❶ **茶峒古码头**乘坐"拉拉渡"前往清水江对岸的重庆市秀山县 ❷ **洪安古镇**，这座小镇修建在山坡上，随着青石板路慢慢爬升，你会看到不少古朴沧桑的民居和商铺，这里称得上景点的是刘邓大军进军大西南纪念馆，还有一座风雨桥连着"三不管岛"，感兴趣可以前去游览。洪安古镇很小，基本上半个小时就能看完。游览完毕后，再坐拉拉渡回茶峒古码头（或者沿着清水江栈道往南走来到洪茶大桥，走过大桥后再往南走约600米是"一脚踏三省"地标，这里是一个网红打卡地，打完卡沿路返回茶峒古码头）。从码头出发沿滨水步道来到边城车站旁的 ❸ **民族博物馆**，馆内陈列了一些苗族服饰和极具年代感的苗绣。游览完毕后再沿着清水江边向下游走，这一路会看到充满生活气息的古镇景象，青石板街道的两旁是棕褐色的木板房和吊脚楼，高高的马头墙穿插其间。然后来到 ❹ **百家书法园**和 ❺ **国立茶峒师范旧址**，游览完毕后继续往下游走，会经过 ❻ **药王洞遗址**，然后顺着栈道上山，山腰上坐落着 ❼ **翠翠居**和 ❽ **白塔**。如还想沿着栈道继续往上走，会来到山顶的三省观景台，在这里可以一览湖南、贵州、重庆三地风光，也能将茶峒古镇全部纳入视野中。

体验沈从文笔下的边城

"由四川过湖南去，靠东有一条官路。这官路将近湘西边境到了一个地方名为'茶峒'的小山城时，有一小溪，溪边有座白色小塔。"这是沈从文的小说《边城》的开头。就如《边城》里所描述的那般，茶峒有江、有渡口、有拉拉渡、有白塔，还有高低错落的吊脚楼。小说里写到的，都能在茶峒一一找到。
茶峒最具特色的旅游项目是乘坐拉拉渡，在《边城》里拉拉渡是故事中不可或缺的一部分，这种传统渡河方式不使用篙或桨，而是通过一根横跨江面的铁丝，利用特制的木棒卡住铁丝，通过拉动来使船只移动至对岸。

▼ 德夯苗寨

◆ 德夯苗寨　　见23页地图

德夯苗寨与矮寨大桥同属矮寨奇观旅游区内，相距约5公里，可沿苏北线前往。寨子被兀立又秀美的青山包围，几条溪流汇聚于此。站在全寨的中心织锦广场，可以仰望到包围着寨子的三座山峰：盘古峰、驷马峰和孔雀开屏峰。寨子核心区由石板铺路，青色屋瓦层层叠叠，吊脚楼大多是用石头垒的墙基、深褐色木头做的柱子。布满青苔的接龙桥建于民国，由青石筑就，桥身很高。
德夯苗寨的门票涵盖了景点以及民俗风情表演，但不包括晚上的篝火晚会。如果对篝火晚会感兴趣，需要另外购买门票，价格为120元/人。

门票： 100元
营业时间： 8:30—17:30
微信公众号： 矮寨奇观旅游区

食宿推荐

🥘 **当地美食**

张家界市　土家三下锅、岩耳炖鸡鸭、枞菌炖猎肉
湘西土家族苗族自治州　苗家腊肉、湘西酸萝卜、血粑鸭

🛏 **热门住宿地**

武陵源区　火车站、汽车站附近，子午路
龙山县　民族路、龙山客运站
里耶古城　长沙街、河街
茶峒古镇　清水江边、拉拉渡码头、洪安镇

湘西山水之旅

3

湘西古城古镇之旅

湘西土家族苗族自治州 ➡ 怀化市 ➡ 柳州市（广西壮族自治区）

里程：410 公里
天数：5 天
驾驶难度：★★☆☆☆
新能源车友好度：★★☆☆☆

从湘西州的首府吉首开始旅程，一路往南开，你会来到一连串如珠般的古城古镇：大名鼎鼎的凤凰古城、历史悠久的乾州古城、黔阳古城、洪江古商城。进入侗乡，大大小小的风雨桥将与你偶遇，从通道的芋头侗寨沿着坪坦河可开往广西三江的程阳风雨桥，河边还有皇都、横岭、阳烂等侗族古村落。

行程安排

第1天 ①吉首市 ➡ ②凤凰古城　47公里
游览湘西土家族苗族自治州吉首市的**乾州古城**、**峒河游园**，再沿着杭瑞高速前往凤凰县凤凰古城，夜宿凤凰古城。

第2天 ②凤凰古城
游览**凤凰古城**的沈从文故居、古城博物馆、熊希龄故居、沈从文墓。夜宿凤凰古城。

第3天 ②凤凰古城 ➡ ③芷江侗族自治县　93公里
③芷江侗族自治县 ➡ ④黔阳古城　53公里
从凤凰古城沿包茂高速、长芷高速前往怀化市芷江侗族自治县，游览**中国人民抗日战争胜利受降纪念馆**、**龙津风雨桥**。再沿沪昆高速、包茂高速来到洪江市**黔阳古城**，游览古城并夜宿于此。

第4天 ④黔阳古城 ➡ ⑤洪江古商城　25公里
⑤洪江古商城 ➡ ⑥万佛山　108公里
⑥万佛山 ➡ ⑦芋头侗寨　28公里
从黔阳古城沿洪黔公路来到**洪江古商城**，游览完毕后沿S222、包茂高速前往通道侗族自治县**万佛山**，游览完毕后途经S252、X083前往**芋头侗寨**，游览侗寨并夜宿于此。

第5天 ⑦芋头侗寨 ➡ ⑧程阳风雨桥　56公里

▲ 芋头侗寨

继续游览芋头侗寨，然后从此地出发沿坪坦河边的通坪公路、S506，可以行驶至广西壮族自治区柳州市三江侗族自治县的程阳风雨桥，沿途经过**皇都侗寨**、**横岭侗寨**、**阳烂**等侗族古村落可顺道游览，游览完**程阳风雨桥**后结束行程。你也可以前往广西桂林，开启你的桂北山水民俗之旅。

途中亮点

湘西土家族苗族自治州　0743

◆**乾州古城**　见本页、35页地图

乾州古城位于吉首市区内，紧邻万溶江，拥有4200多年的历史。沈从文的著作《湘西》，是这样描述乾州古城的："乾州，地方虽不大，小小石头城却整齐干净……"他笔下的乾州古城，是个古老神秘、繁荣昌盛之地。古城内，有"小桥、流水、人家"之称的胡家塘、粉墙黛瓦的明清古建筑，都别具一格。还有不少珍贵的文物建筑，包括建于清嘉庆年间的北城门，以及建于清朝雍正时期、至今保存完好的乾州文庙。

门票：80元
营业时间：8:00—18:00
微信公众号：乾州古城

◆**峒河游园**　见本页地图

峒河游园位于吉首市城区，距离火车站仅5分钟的步行距离，是市民们平日运动、休闲的地方。来这里，可以看看园内的四座人行景观桥梁工程，分别名为"肥桥""爱桥""花桥"和"醉桥"，它们是由黄永玉先生捐赠并亲自设计的。湘西人提起它来就是一溜儿昵称"肥爱花醉"，古灵精怪中又有几分天真可爱，从中也可以窥见黄永玉先生的顽童心态。这些桥梁均采用扩大基础、三跨砼拱结构，造型各异，桥面有拱有平，分别设有廊亭、雕塑、花架、花池等。

门票：免费
营业时间：全天

◆**凤凰古城**　见本页、34页、36页地图

这座安安静静的湘西小城因沈从文的《边城》而进入大众的视野。凤凰古城始建于明代嘉靖年间，古城依山傍水，沱江穿城而过。城内的青石板街道、沱江边的吊脚楼、众多的古建筑和浓厚的民族风情，构成了独具一格的湘西韵味。夜色下的凤凰也是绝美的，绚丽的灯光下，波光粼粼的沱江缓缓流动，一叶扁舟划破沉静的湖面，街上的游客熙熙攘攘，想着沈从文笔下的小小边城，体会这座古城的独特气息。除了在城中闲逛，还可以去沈从文故居、古城博物馆、沈从文墓、文昌阁小学等景点游览一番。进入古城免费，古城内八景（沈从文故居、熊希龄故居、杨家祠堂、古城博物馆、崇德堂、东门城楼、虹桥艺术馆、万寿宫）与沱江游船日游船票的联票为128元。

沈从文故居

或许你对凤凰的最初了解，就是从沈从文笔下开始的。在凤凰古城中营街，这座湘西

▲ 凤凰古城

特色浓郁的小院,是沈从文童年生活的地方。明清风格的建筑,距今有百余年历史,内部有沈从文生平事迹介绍。在故居内可购买沈从文的著作,加盖纪念印章,更具收藏意义。

古城博物馆
古城博物馆位于凤凰古城道门口,就在朱镕基题写的"凤凰城"牌坊旁、原陈宝箴世家的百年老宅内,二楼还是雷雨田私人博物馆。陈宝箴是清末湖南巡抚,博物馆一楼陈列了陈宝箴世家的家族遗物、遗照、图片等珍贵历史资料,以及清同治皇帝钦赐的"纶音封典圣旨碑"等展品。

熊希龄故居
熊希龄故居位于古城北文星街的一个小巷里,东去不足200米便是秀丽的沱江。熊希龄曾任中华民国北洋政府总理。故居总占地面积约800平方米,是一座由堂屋、卧室、厢房组成的平房建筑。门、窗、墙大部分为木结构,其上或雕花或绘图案,造型大方,做工精美。房屋不大,但结构精巧,是典型的苗族古代建筑格式。

沈从文墓
1988年5月10日,沈从文在北京病逝,他的墓地选在了凤凰古城的听涛山上。2007年5月,他夫人张兆和的骨灰也合葬于此。到了听涛山上,未见方方正正的墓碑,却看到一块立在山林深处的五彩石,这便是沈先生的墓了。五彩石上刻着"照我思索,能理解我;照我思索,可认识人"。墓前常摆满游客献上的鲜花和花环。

门票: 古城免费,凤凰八景加沱江游船联票128元
营业时间: 7:30—18:00
微信公众号: 凤凰古城旅游区

怀化市 0745

◆ 中国人民抗日战争胜利受降纪念馆   见33页地图
中国人民抗日战争胜利受降纪念馆位于芷江侗族自治县芷江机场附近,是为了纪念1945年8月21日至23日侵华日军在此向中国投降的历史事件而建立的。纪念馆内有"血"字形的受降纪念牌坊,还保留着受降堂、中国陆军总参谋部、何应钦办公室等受降旧址建筑群。纪念馆收藏着数千件抗战和受降文物,生动再现了芷江受降的历史过程,不仅记录了先烈为国为民浴血奋战的光荣历史,更见证了中华民族近代史上抵御外敌入侵第一次取得完全胜利的光辉一页。

门票: 免费
营业时间: 8:00—17:30

湖南省　35

特别呈现
漫步乾州古城

起点： 西北门
终点： 乾州文庙
距离： 1公里
需时： 2小时

从❶**西北门**进入古城，来到右手边的胡家塘，胡家塘大小两个荷花池以石拱桥相连，每年夏天荷花开放时，这座池塘在荷花和周围古建筑的映衬下格外美丽。塘边依次坐落着❷**安澜井**、❸**继兰楼**、❹**庐峙**、❺**高昆麓故居**。相传，安澜井与万溶江相通。依次欣赏完这些古民居后来到解放路，这条路上聚集着❻**翦伯赞寄居**、❼**罗荣光故居**、❽**张天翼寄寓**，这些建筑的历史可追溯至清朝，里面有关于主人的介绍。游览完毕后，沿着小巷往江边走，来到❾**古梅廊**，从此处过江来到对岸，沿着江边欣赏万溶江的风光。不知不觉就走到了❿**跳岩**，跳岩将江水截成两段，踏着岩墩过江别有一番滋味。过江后就来到⓫**老城墙遗址**，这段城墙是清嘉庆年间所修。不远处的⓬**南城门**别具特色，它也叫"三门开"，呈"品"字形，虽是新修的，也可以一窥乾州古城防守壁垒之森严。走过南城门，就来到了⓭**乾州文庙**。游览完毕后结束行程。

▼ 乾州古城

湘西古城古镇之旅

特别呈现

漫步凤凰古城

起点： 虹桥
终点： 虹桥
距离： 约 2.5 公里
需时： 约 4 小时

以 ❶ **虹桥**为起点，从南侧下到水门街，穿过 ❷ **东门城楼**。沿老菜街走一小段，一栋挂着红五星的老房子就是 ❸ **杨家祠堂**。之后拐进窄窄的史家弄，途中你会见到 ❹ **崇德堂**。

走出巷子到达热闹的东正街，巷口对面的 ❺ **天后宫**是曾经的福建商会馆。接着转入十字街，这是古城内保存最完整的一条老街，保留着旧时商铺的木板条门面。中段有家 ❻ **春和详老药铺**，历史可以追溯到民国，斜对面的 ❼ **阿雅手工**有不少珍贵的苗族老物件。留意右侧有条幽静的窄巷中营街，进去可一路走到 ❽ **沈从文故居**。出中营街，便来到 ❾ **古城博物馆**。走出路口便是 ❿ **文化广场**，也叫"凤凰广场"，是古代练兵的地方。⓫ **西门城楼**紧邻广场。

广场向北，沿文星街会经过 ⓬ **文庙**。接近街口的左边小巷内是 ⓭ **熊希龄故居**。文星街走到底又见城墙，上城墙朝 ⓮ **北门城楼**走去，望一望沱江。走过 ⓯ **跳岩**，到沱江对岸去。对岸便是酒吧街。沿着江边走，穿过虹桥的桥洞，就能到 ⓰ **东关门**，它与夺翠楼隔江对望，东关门二楼视角不错。沿着江边继续向前，就到了 ⓱ **万寿宫**，穿过迎曦门就是 ⓲ **万名塔**。从风桥过对岸，沿江走到头，沿石阶而上，一直往前便又回到了 ❶ **虹桥**。

湘西的集市：边边场

湘西多山，交通多有不便，要交换物资满足日常所需，"赶边边场"便是当地最方便的形式。在固定的时间、地点，四周的乡民赶来交易。在网购已极为便捷的今天，这里依然保留着这种古老的贸易形式。赶边边场是深入湘西本地生活的最佳方式，尤其在一些山区的边边场，当地民族会穿着民族服饰赶场，是游客感受原味湘西的好机会。

以下是不同日期举办的边边场：逢农历一、六日，禾库，位于山区的禾库是苗族风情最为浓郁的小镇，距离凤凰 1.5 小时左右车程，适合自驾前往；逢农历二、七日，阿拉营、腊尔山和洗车河镇；逢农历三、八日，山江，距离凤凰最近；逢农历四、九日，黄合、苗儿滩；逢农历五、十日，吉信、隆头、边城。

微信公众号： 抗战胜利芷江受降旧址

◆ **龙津风雨桥**　　见 33 页地图

龙津风雨桥位于芷江城区中心的潕水之上，全桥长 252 米，曾在 2000 年被上海大世界基尼斯总部授予"世界最长的风雨桥"称号（后被广西三江风雨桥超过），也被称为"天下第一侗乡风雨桥"。大桥始建于明万历十九年（1591 年），于 1998 年 2 月开始修复，1999 年 10 月 20 日竣工。重新修复的龙津风雨桥以木质结构为主，由桥、廊、亭三部分组成，桥两侧有厢房式店铺 94 间，设 3 层檐口长廊，上置 7 座 5 层檐口凉亭。建筑艺术上如悬柱、瓜、柱脚、石鼓、楼坊等极具侗族特色与民间精湛工艺。特别是桥墩架构，以当地青石为原料，用石灰、桐油、糯米调制成黏合剂这一传统工艺，紧密堆砌而成。更令人惊叹的是那数以千计的脚柱、悬柱、穿枋、檩凳、栏杆，不用一钉一铆，横穿直套，均以榫相衔。

门票： 免费
营业时间： 全天

◆ **黔阳古城**　　见 33、38 页地图

黔阳古城位于洪江市黔城镇一处由沅江与潕水冲积而成的河湾之中，曾是沅江边一个重要的集镇码头。千余年前，诗人王昌龄在这里送别朋友辛渐，留下了一首千古名诗《芙蓉楼送辛渐》。因此，古城内到处可见王昌龄的元素，芙蓉楼便是其中之一。芙蓉楼被誉为"楚南上游第一胜迹"，建于清嘉庆二十年（1815 年），楼前有邑令曾钰写的碑文《新修芙蓉楼碑记》——"有楼曰芙蓉，相传少伯送辛渐赋诗饯别其中，文采风流，照耀今古，楼在县境。"内有王昌龄的画像及清代状元书法拓碑等。主楼后有芙蓉池、半月亭、耸翠楼、三角亭等，玉壶亭则掩映于梧桐绿荫下。

门票： 55 元
营业时间： 8:30—17:30
微信公众号： 黔阳古城

◆ **洪江古商城**　　见 33、37 页地图

洪江古商城位于怀化市洪江市，在水运发达的时期，曾是沅江流域数一数二的大码头。在明清鼎盛时期，这里被描述为"烟火万家，称为巨镇"。洪江古商城保存有明、清、民国时期的古建筑 380 余栋，总面积近 30 万平方米，包括商行、钱庄、青楼、烟馆、酒家、作坊、寺院、报馆、客栈、戏台、学堂等。其中最具看点是太平宫，作为宝庆人的会馆，**太平宫**的修建汇集了全国各地的能工巧匠，会馆建于清雍正五年

湖南省　37

（1727年），其牌坊上雕刻着"刘备跃马过檀溪""岳母刺字""八仙过海"等故事场景，展现了宝庆人忠君爱国和崇武的思想。**留园**是古商城内的最大建筑体，曾是城中首富刘岐山的宅第，有园、庭、阁、楼、池、书院等，如今内部住满了当地人。同时，古商城还拥有丰富的码头文化，体现了不同地域文化的融合，曾有"五府十八帮四十八码头"之说。

门票：90元
营业时间：8:00—17:30
微信公众号：洪江古商城

◆ **万佛山**　见33页地图
怀化市通道县的万佛山，位于县城双江镇以北约20公里，山中有绵延的丹霞峰林地貌。这里自然植被茂盛，空气清新。景区内铺有游览步道，上山时，岩壁上也有悬空栈道。悬空栈道的起点在神仙居，在神仙居转过一面崖壁，就走上了悬空栈道。栈道从这里起一直延伸到万佛寺遗址的崖壁下面。全程走下来需要半天时间，记得带上水和食物。

门票：90元

▼ 皇都侗寨荷花开放

营业时间：8:00—18:00

◆ **芋头侗寨**　见33页地图
芋头侗寨是怀化市通道县的一个侗家山寨，位于县城西南约7公里处。寨子三面环山，一条小溪从寨子中央蜿蜒而过。小溪串起了全寨182户人家，构成大约7个因山就势的建筑群落，房屋造型是典型的侗族风格，包括门楼、鼓楼和芦笙场，古井、凉亭与萨岁坛。古墓葬群、民居木楼及青石板驿道构成整个山寨的民居集群。其中，芦笙鼓楼为九层密檐攒尖芦笙顶，下五层为四角，上四层为八角，翘檐上下都塑有吉祥的龙凤花鸟图案，金光闪亮。建筑沿山谷布局，蜿蜒而上，房子多为吊脚楼，采用抬梁穿斗架构，用榫卯咬合的技术，中间加上不落地的半柱穿联其中增加稳定性。

门票：35元
营业时间：8:00—17:30

◆ **皇都侗寨**　见33页地图
皇都侗寨坐落在通道县黄土乡一处开阔的山坳中，距离芋头侗寨约4公里的路程。皇都侗寨由头寨、尾寨、盘寨、新寨四个寨子组成，寨子有寨门，此门不用一颗铁钉，全是榫卯嵌合。皇都侗寨的民族建筑非常有特色，包括居住建筑和公共建筑，居住建筑大部分为三层杉木结构的吊脚楼，公共建筑则包括寨门、戏台、鼓楼、风雨桥、凉亭等。寨门、鼓楼、普修桥等都是侗寨的重要构成要素，具有重要的文化和社会功能。寨中最大看点普修桥始建于清乾隆年间，桥为四墩，墩上架连排杉木为梁。桥身上有三座桥亭，亭中设三个神殿，第一个为侗族始祖神祠，供奉姜良、姜妹，第二个是关圣殿，最后则是文昌阁。

门票：50元
营业时间：全天

湘西古城古镇之旅

特别呈现

漫步黔阳古城

起点： 游客中心
终点： 芙蓉楼
距离： 约1公里
需时： 2小时

从❶**游客中心**出发，顺路口的小坡上去，你会看到一尊王昌龄的石像。走过几步就来到了❷**钟鼓楼**，游览完毕后回到东门路，继续往西走，来到火神巷，这里坐落着❸**火神庙**。参观完沿着巷子走，就来到了❹**文庙**，然后往北走到育婴巷里，巷子里有❺**节孝祠**。从育婴巷走到古城的主街北正街，往南走几步就到了西正街，这里有❻**窨子屋**。参观完回到北正街，往南走到❼**南正街**，这是古城中保存最为完好的老街，青板石街道上的临街老屋的屋檐为卷棚式样，楼阁上是花格木窗。顺着南正街一路往前走，就走到了沅江边，来到❽**沅江和潕水的交汇处**，沿着河边的大道前行经过黔城三中，便到了❾**芙蓉楼**。游览完毕后结束行程。

▼ 黔阳古城

湖南省 39

通道坪坦河上的风雨桥

通道县位于怀化市最南端的湘、桂、黔交界处。从通道的芋头侗寨沿着坪坦河到广西三江的程阳桥，一路的溪流上坐落着大大小小十来座风雨桥。侗乡风雨桥一般以杉木为主要建筑材料，建桥时，不用一颗铁钉，只在柱子上凿通无数大小不一的孔眼，以榫衔接，斜穿直套，其坚固程度不亚于铁桥和石桥。风雨桥由桥、塔、亭组成，全用木料筑成，桥面铺板，两旁设栏杆、长凳，形成长廊式走道。塔、亭建在石桥墩上，有檐角飞翘，顶有宝葫芦等装饰，因为行人过往能躲避风雨，故名风雨桥。侗乡风雨桥比起浙江、福建的风雨桥，在绘画和结构上更有侗族特色风情。

▼ 万佛山上的悬空栈道

◆ 横岭侗寨　　见33页地图

位于通道县县城双江镇西南约18公里处，是一个依山环水的侗寨，始建于明朝天顺年间，因位于横向的山岭延伸处而得名。横岭侗寨以其丰富的历史文化和独特的侗族建筑而著称。寨内主要建筑有鼓楼四座、寨门两座、廊桥一座，还有庙宇、戏楼、家祠、萨坛等。寨内鼓楼均为清代中晚期建筑，其轮廓不是常见的正多边形，而是呈不规则状。

门票： 免费
营业时间： 全天

◆ 阳烂　　见33页地图

"阳烂银匠多""阳烂银匠手艺好""阳烂银饰款式花样有选头"，人在阳烂村，一定会跟银饰打上交道。阳烂村是通道县坪坦乡的一个古老侗族村寨，以加工银饰见长，村子里很多定点型的家庭银饰作坊早已声名远扬。到了冬季，村寨里的年轻姑娘常常三五结伴，带着银料慕名前来。村里也有一些首饰店，喜欢银饰的话，可以逛一逛。

门票： 免费
营业时间： 全天

柳州市　0772

◆ 程阳风雨桥　　见33页地图

程阳风雨桥又叫永济桥、盘龙桥，位于广西壮族自治区柳州市三江侗族自治县林溪乡，从通道沿S506前往较为方便。程阳风雨桥始建于1912年，是木石结构的楼阁式建筑，具有独特的塔式桥亭和桥廊设计。桥的建筑特色在于不使用任何钉铆，而是通过榫卯结构精巧地连接各个部分。程阳风雨桥的建筑细节十分精致，桥上的壁柱和瓦檐都有精美的雕花和绘画，人物、山水、花鸟等图案栩栩如生。此外，桥的屋顶装饰有宝葫芦和千年鹤等木刻，寓意吉祥。

门票： 免费
营业时间： 全天

食宿推荐

🥢 **当地美食**

湘西土家族苗族自治州　苗家腊肉、湘西酸萝卜、血粑鸭
怀化市　芷江鸭、火塘腊肉、沅陵糍粑
柳州市　柳州螺蛳粉、柳州酸鱼、酸肉、蚝油叉烧包

🛏 **热门住宿地**

凤凰古城　文化广场、南华门、沱江边
黔阳古城　古城内客栈

湘西古城古镇之旅

4 湘中茶马古道之旅

常德市 ➡ 益阳市 ➡ 娄底市 ➡ 邵阳市

里程：523 公里
天数：6 天
驾驶难度：★★☆☆☆
新能源车友好度：★★☆☆☆

安化茶马古道是历史上著名的商贸流通通道，其历史可追溯至唐朝。本线路途经这条古道上曾经的重镇和茶文化景点，沿途体验茶马古道在现代的遗存。再从安化往南前往新化、新宁，一路都是好山好水好风光——大熊山、梅山龙宫、紫鹊界梯田，每一个都是湖南响当当的景点，最后到达世界自然遗产"中国丹霞"的重要一员——崀山风景区，这里一年四季都有美景。

行程安排

第 1 天 ①常德市
在常德市游览武陵区的**常德会战阵亡将士公墓**、**常德博物馆**、**常德河街**、**诗墙公园**，夜宿常德市。

第 2 天 ①常德市 ➡ ②安化县　136 公里
②安化县 ➡ ③洞市老街　38 公里
从常德市出发，沿二广高速、平洞高速至益阳市安化县，游览**中国黑茶博物馆**。游览完毕后，再沿着 X046、X042、X045，前往曾经的茶马古道重镇洞市老街，沿途会先经过一座保存完好的风雨桥——**永锡桥**，抵达后游览**洞市老街**及其附近的**茶马古道风景区**，夜宿洞市老街。

第 3 天 ③洞市老街 ➡ ④大熊山　34 公里
④大熊山 ➡ ⑤梅山龙宫　32 公里
⑤梅山龙宫 ➡ ⑥新化县　32 公里
从洞市老街沿 X045 前往娄底市新化县的**大熊山**游览，结束后，沿 X052、X053 前往**梅山龙宫**，游览完毕后沿 X053、S322 前往新化县夜宿新化县。

第 4 天 ⑥新化县 ➡ ⑦紫鹊界梯田　54 公里
从新化县沿娄怀高速、X060 前往**紫鹊界梯田**，游览完毕后夜宿紫鹊界梯田。

第 5-6 天 ⑦紫鹊界梯田 ➡ ⑧崀山　197 公里
从紫鹊界梯田沿 S242、呼北高速前往邵阳市新宁县崀山，游览**崀山**，并前往夫夷江漂流。游览完毕后结束行程。

▼ 紫鹊界梯田

途中亮点

常德 0736

◆ 常德会战阵亡将士公墓　见42页地图

1943年11月，抗日战争中发生了震惊中外的"常德会战"，国民党陆军第74军57师8000余名官兵在常德，与入侵日军浴血奋战，坚守了16个昼夜，最后阵亡将士达5000余人。公墓始建于1944年，后经修复。公墓正中一座三门纪念坊，园内树木葱郁，纪念碑于正中。清明节前后，这里会举办祭祀活动来缅怀英烈，号召当代人珍惜和平。

门票：免费
营业时间：全天开放

◆ 常德博物馆　见42页地图

常德博物馆始建于1990年，是湘西北地区一家大型地方综合性博物馆，馆舍为四合院式仿古建筑。2019年7月，在经过5年的陈列布展提质改造工程后，常德博物馆重新面向公众开放，展览以"德行千载，史蕴常德"为主题，包括基本陈列"常德历史"，专题展"常德名胜""常德名人""常德民俗""常德根艺"，全面展现了常德本土的历史文化。其中令人印象最深的是"中日常德会战展览"和"日军常德细菌战展览"，二者用实物和图文重现了那段历史。

门票：免费
营业时间：周二至周日9:00—17:00，周一闭馆
微信公众号：常德博物馆

◆ 常德河街　见42页地图

常德河街是一条充满老常德记忆的古街，位于穿紫河东段，总长约1500米，以沅江边上曾经繁华的商业街为原型，由大河街、小河街、麻阳街三大核心街区组成，占地面积约13.14万平方米。这条街不仅再现了沈从文笔下"湘西大码头"的繁荣景象，而且融合了旅游、休闲、度假、居住等多功能，形成了一条全新型式的仿古商业街。古街的吊脚楼临河而建，还能看到重建的古城墙，商铺内售卖特色小吃与手工艺品。街的西边还有一条德国风情街，建筑与餐厅都力求展现正宗的德国文化，与河街交相辉映。可以在常德河街下南门码头与白马湖公园码头乘坐穿紫河游船，一路欣赏河街与德国风情街。

门票：免费
营业时间：全天开放

◆ 诗墙公园　见42页地图

常德诗墙依托沅江防洪大堤修建，荟萃了1530首自先秦以来与常德相关的诗句，以及

湘中茶马古道之旅

名家诗词的书法碑刻，共8个篇章，彰显当地的风土文化，且一度走出世界，作为"世界最长的诗书画刻艺术墙"被列入吉尼斯世界纪录。渔父阁、武陵阁、春申阁和排云阁四座仿古楼阁，自东向西立于诗墙之间，既是公园出入口，也是防洪闸口。建议从武陵阁入，排云阁出，水星楼和烈士公园就在排云阁北边不远处。

门票： 免费
营业时间： 全天
微信公众号： 中国常德诗墙

益阳市 0737

◆ **中国黑茶博物馆**　　　见41页地图

安化黑茶是中国独特的茶叶品种，拥有1100多年的历史。这种茶以独特的后发酵工艺和健康益处而闻名，因为黑茶是发酵茶，所以储存的年代越久味道越醇厚。2008年，安化千两茶制作技艺和茯砖茶制作技艺被列入《国家级非物质文化遗产名录》。中国黑茶博物馆是位于益阳市安化县东坪镇的一座专题性博物馆，坐落在资江南岸的黄沙坪古茶市。这座博物馆不仅是全国唯一的黑茶专题展示博物馆，也是安化黑茶文化的重要展示窗口和标志性建筑。博物馆采用中国传统楼阁式建筑风格，馆内收藏丰富，拥有馆藏文物5037件，其中珍贵文物458件。馆内陈列展厅分布在主楼的一至三楼，一楼以"神韵安化"为主题，展示安化的山水风光；二楼以"黑茶飘香"为主题，展示安化黑茶的历史文化；三楼以"岁月留痕"为主题，展示安化人文历史；四楼则是产品展示厅，厅外的平台可观资水与老城风光。

门票： 免费
营业时间： 9:00—17:00，周一闭馆
微信公众号： 安化黑茶博物馆

◆ **永锡桥**　　　见41页地图

永锡桥位于洞市老街以北约3公里处，距离主路很近。它横跨麻溪河，是茶马古道上的必经桥梁，也是安化县规模最大且保存最为完好的木构风雨廊桥。永锡桥始建于清光绪四年（1878年），由当地乡绅和茶商共同捐资修建。桥长数十米，宽约5米，采用悬臂式木结构，未用一钉一铆，展现了古代工匠的高超技艺。桥身分为三段，中间高耸，两端略低，形成优美的弧线。桥上的木雕和彩绘精美细腻，反映了安化地区的民俗文化和审美特点。桥上建有廊屋，可供行人遮风避雨，也是村民休息和交流的场所。

门票： 免费
营业时间： 全天

◆ **洞市老街**　　　见41页地图

洞市老街位于安化县洞市村，长约500米的老街沿山势爬升，曾是安化至新化等地的必经之路，也是安化茶马古道的起点和重要中转站。老街由青石板铺就，街道两旁保留着明清时期的木屋建筑，其中陈五芝花屋、贺氏祠堂等代表性古建筑至今保存完好。老街的商业盛况得益于其地理位置，麻溪河流经此地，水急滩险，使得洞市成为水路运输的终点和转运点，同时也是马帮运输的起点。老街的繁华景象一直持续到20世纪70年代，随着公路的建设，老街逐渐失去了往日的喧嚣，但依然保留着古朴的风貌和历史的痕迹。

门票： 免费
营业时间： 全天

◆ **茶马古道风景区**　　　见41页地图

茶马古道风景区位于距离洞市老街约10公里的高城，以南方最后一支马帮和保存完整的茶马古道遗存为看点，被誉为"高山之城，茶马遗风"。景区主要包括川岩景区和关山峡谷游览区。川岩景区以"奇石、飞瀑、水秀、林幽"的高山峡谷景观为特点，保留有安泰廊桥、永济茶亭旧址等茶马古道遗存，游客可以骑马观光，体验古茶马文化遗韵。关山峡谷游览区则以层岩叠翠、飞瀑流泉的秀美神秘景色为特色，是古茶马道必经的隘口，沿途有穿洞、栈道、浮桥、天梯等设施，为游客提供了丰富的探险体验。

门票： 45元
营业时间： 8:00—17:30
微信公众号： 安化茶马古道

娄底市 0738

◆ **大熊山**　　　见41页地图

大熊山位于娄底市新化县北端，与安化县接壤，又名熊胆山、神山。大熊山险峰如林，群山逶迤，最高点九龙峰海拔1662米，属湘中最高峰。40余座海拔1000米以上的山峰，组成宏大的山体，横亘湘中，连绵百里，蔚为壮观。这里一年四季经常能观赏到云雾缭绕的万千景象，是新化重要的林区。大熊山最美的季节是冬季，只要夜间气温低于5℃，就会迎来漫山形态多样的雾凇景观。由于降温总有大风相伴，还能看到满树长长的冰挂垂在枝头的奇景。

门票： 60元
营业时间： 8:00—17:00
微信公众号： 大熊山景区

◆ **梅山龙宫**　　　见41页地图

梅山龙宫位于湖南最大的山脉雪峰山的腹地，雪峰山古称梅山，景区也因此得名。这个大型溶洞群集溶洞、峡谷、峰林、暗河等多种喀斯特地质地貌景观于一体，共有9层洞穴，目前已开发了5层，探明长度达到2870余米，已开发游览路线1896米，其中包括

安化茶马古道

安化茶马古道是历史上著名的商贸流通通道，它不仅见证了安化黑茶的兴衰变迁，也是湖南乃至中国茶文化的重要组成部分。茶马古道源于唐朝开始的茶马交易机制，中原政权以茶叶等商品与边疆游牧民族换取战马，形成了"茶马之路"，即茶马古道。古时入安化有两条路径：马帮与船运，俗称"船舱马背"。马帮从新化、洞市、江南、唐家观至安化，船运则溯资水由益阳至安化。如今，茶马古道的遗存散落在安化各处，比较容易看到的除了保存较为完好的洞市老街和永锡桥外，从东坪到龙泉洞（马路镇）的公路两旁也有好几处古廊桥。

466米长的神秘地下河。在这里，可以体验乘船游览地下河、欣赏洞内石笋和石钟乳等奇观。景区内分为龙宫迎宾、碧水莲宫、玉皇天宫、龙宫仙苑、龙宫风情、龙凤呈祥六大景区，在七彩灯光的照射下，满目的石笋、石柱、石幔、石幔拟人状物，去尽情地想象它们所代表的千象吧。

门票：98元
营业时间：8:30—17:00
微信公众号：梅山龙宫景区

◆紫鹊界梯田 见41页地图

紫鹊界梯田位于新化县的水车镇，遍布于海拔500米至1200余米的几十个山头，非常适宜自驾游览。虽然名气和规模不如云南元阳梯田和广西龙胜梯田，但胜在原始风光和清静的环境。而天然形成的自流灌溉系统更使其位列《世界灌溉工程遗产名录》。来到这里，可尽情感受弟田的原生美、形态美和文化美。紫鹊界四季美景不断，4月至5月梯田灌水插秧；6月至8月是稻穗成长期；9月水稻成熟，稻浪滚滚；冬季，田埂显露优美的线条。

整片梯田从山底到山顶共400余级，层层叠叠，连绵起伏。山间7个观景台涵盖了紫鹊界的精华看点，可串成一条环线游览。从售票处上山，月牙山、瑶人冲和九龙坡都位于主路旁边，丫髻寨位于梯田上一座小山的山顶，是景区海拔最高（1200米）、视野最广的观景点。下山过九龙坡后，右边一条公路去往贡米岭、老马凼和八卦山。这三处观景台位于梯田之间，平视俯瞰皆可，八卦山视野尤佳。自驾可继续沿路下山回到景区入口。

门票：68元
营业时间：7:00—22:00
微信公众号：紫鹊界梯田景区

邵阳市 0739

◆崀山 见41页、本页地图

崀山是典型的丹霞峰林地貌，以水秀、山美、洞奇著称，突起的石林群落、复杂的石灰岩溶洞、神秘的峡谷群和美丽的夫夷江流，构成了碧水丹崖的自然景观。崀山景区包括天一巷、辣椒峰、八角寨、夫夷江、紫霞峒、天生桥六大景区。**八角寨**景区的主峰海拔818米，是崀山景区的最高峰；**辣椒峰**景区则以其独特的形状和色彩吸引游客，兀立的辣椒峰与周围的峰丛、方山、石墙、石柱等地貌构成一幅异彩纷呈的丹霞画卷；**天一巷**景区汇集了大小10余处"一线天"景观，其中规模最大的"天下第一巷"全长238米，高约百米的岩壁间仅留有不足半米的岩缝供行人通过。崀山景区实行一票制，门票含景区观光车，进入景点和上车需刷门票卡。观光车从景区北大门始发，经紫霞峒、丹霞广场后，1号线前往天一巷、漂流起点、八角寨索道到八角寨，2号线则前往辣椒峰。一般停留两天可以把所有景点游遍。景区平时也可以自驾或包车游览。法定节假日期间，若景区交通满负荷，则必须在景区指定地区停车换乘观光车。崀山景区套票包含夫夷江漂流，除恶劣天气外，全年皆开放。夫夷江的水流不如猛洞河那么迅猛，在这里主要是乘竹筏缓慢漂流，两岸的古树奇石与河心小洲令人身心愉悦。从水溪码头到何家湾码头8公里的水路大概要漂1小时，何家湾高约400米的将军石是崀山的招牌风景之一。

门票：景区门票136元，夫夷江竹筏票120元，景区门票加竹筏票186元，门票3日内有效，每个景点只可进出一次
营业时间：7:30—17:30
微信公众号：崀山景区

▼ 永锡桥

食宿推荐

当地美食
常德市 常德米粉、酱板鸭、石门土鸡
益阳市 安化黑茶、沅江醉鱼、安化擂茶
娄底市 三合汤、穇子粑蒸鸡、雪花丸子
邵阳市 猪血丸子、蛋饺、米粉肉

热门住宿地
常德市 武陵阁、大小河街
新化县 汽车西站、火车站
崀山 新宁县城汽车西站和崀山大道周边、景区内部和北大门附近

5

湘南人文古建之旅

郴州市 ➡ 永州市

里程：702 公里
天数：5 天
驾驶难度：★★☆☆☆
新能源车友好度：★★☆☆☆

驶入郴州市辖下县城的乡村公路，寻找散落在村中的古祠堂，周氏、叶氏、朱氏等宗族在此繁衍数百年，他们的故事至今记录在雕梁画栋的祠堂中。行驶在东江湖边的环湖公路，赏大好的湖光山色，运气好的话，还能看到著名的"雾漫小东江"。从江永县城往南驶入 S325 省道，去寻访当地一代代女性流传下来的秘密文字——女书，金秋时节还可一路欣赏生长于喀斯特低山丘陵之中的金黄稻田。

行程安排

第1天 ①郴州市 ⬌ ②汝城县　220 公里

从郴州市出发，沿南岭大道、厦蓉高速往返汝城县，寻找散落各处的**汝城县祠堂**。夜宿郴州市（从汝城可沿 G4E 武深高速和 G6011 南韶高速前往广东韶关，开启粤西北山水之旅）。

第2天 ①郴州市 ➡ ③高椅岭丹霞　34 公里

③高椅岭丹霞 ➡ ④东江湖　18 公里

④东江湖 ➡ ①郴州市　35 公里

从郴州市沿着郴资路、郴永大道前往苏仙区**高椅岭丹霞**，游览完毕后，再沿着郴永大道前往资兴市的**东江湖**游览。结束后沿东江大道、郴州大道返回郴州市夜宿。

第3天 ①郴州市 ➡ ⑤零陵区　231 公里

从郴州市沿着厦蓉高速、二广高速前往永州市零陵区，游览**柳子庙**、**东山**，夜宿零陵区。

第4天 ⑤零陵区 ➡ ⑥江永县　139 公里

继续游览零陵区的**香零山**、**萍岛**，游览完毕后，沿乌海线、G538 前往江永县，夜宿江永县。

第5天 ⑥江永县 ➡ ⑦上甘棠村　25 公里

游览江永县的**女书园**，再沿 S325 前往古村落**上甘棠村**，游览完毕后结束行程。或者沿 S325 进入广西，开启你的桂东人文之旅。

湖南省　45

途中亮点

郴州市 0735

◆**汝城县祠堂**　见本页地图

距离郴州市区1.5小时车程的汝城县，保留了始于宋元、盛于明清的古祠堂710余座，被称为"中国古祠堂之乡"。如果你喜欢古建筑，一定不能错过这里。祠堂大多位于村落的中心，一代代同姓子孙围绕祠堂建造房屋。县城内的祠堂主要集中在文塔周边，从文塔出发，沿着中大街往南约350米可见路标，左转不远就是建于明代的绣衣坊。四柱三门的牌坊身后为范氏家庙，拥有重檐多彩歇山顶和七跳如意斗拱鸿门楼。再往东走可见中丞公祠，与牌坊同为明朝廷为旌表监察御史范辂而建。县城外的祠堂主要集中在西边的外沙村和北侧的广安所、金山村等村庄，距离县城基本在10公里以内。外沙村的太保第也是朱氏祠堂，为纪念明代太子太保朱英而改名。广安所的李氏宗祠的特别之处在于八角楼，牌坊下"文武世家"述说着李家军旅起源、后代出进士的故事。金山村

▲ 雾浸·东江

湘南人文古建之旅

是三姓之村，这里拥有李氏家庙、卢氏家庙和叶氏家庙，其中叶氏家庙的堂门楼上一根有500年历史的三层镂雕龙梁，令人叹为观止。

门票： 免费

营业时间： 全天

◆高椅岭丹霞 见44页地图

高椅岭是位于郴州市苏仙区桥口镇的一处丹霞地貌景区，距离郴州市区约30公里，这里保留着较原始的自然景观，被当地人当作休闲的后花园。这里的丹霞地貌发育于紫红色砂岩和砾岩之上，形成了方山、悬崖、岩脚陡坡等景象。岩脚陡坡开辟有多条石径，或直奔山顶或穿过树丛，极为壮观。夏天是拍摄高椅岭美景的最佳季节，此时植物茂盛，色彩更加丰富。建议穿平底鞋，注意安全，避免为了拍照而靠近悬崖边。

门票： 98元

营业时间： 8:00—18:00

微信公众号： 高椅岭旅游区

◆东江湖 见44页地图

东江湖景区位于郴州资兴市，是省内最大的人工湖泊，蓄水量相当于半个洞庭湖，因此被誉为"湘南洞庭"。东江湖景区包含小东江和东江湖两个主要景点，其中小东江旅行线路可分为东、西两岸，游西岸需在景区大门的东江湖游客中心购买门票，景区设置了多种线路套票，可根据自己的兴趣购买；东岸则是免费的自行车道，终点位于大坝底下。门票中包含观光车票，观光车往返于大门和旅游码头之间。景区内的主要景观包括东江大坝、猴鼓山瀑布、龙景峡谷、兜率岛等，前三者都位于小东江。从小东江跨过大坝就到了东江湖。兜率岛是东江湖中最大的岛，凭门票才可登岛，从旅游码头坐船大概要30分钟。岛上的兜率溶洞有一个高36米的石柱。

门票： 85元

营业时间： 6:00—18:00

微信公众号： 东江湖旅游景区

> **雾漫小东江**
>
> 东江湖以其独特的雾景闻名。每年的4月至10月，特别是6月至9月，由于温差效应，小东江的江面上会升起层层薄雾，弥漫于青翠的山谷之中，形成如梦如幻的雾霭美景，因此被誉为"雾漫小东江"。小东江的最佳观雾时间是5:30到8:00、17:30到20:30。为了便于游客观赏，景区沿线修建了观雾栈道，其中小东江二号桥至四号桥这一段是最佳的观雾点。

永州市 0746

◆柳子庙 见47页地图

北宋时期，永州人民为纪念唐宋八大家之一的永州司马柳宗元而建造了这座柳子庙，现存建筑为清光绪年间重建的，面对愚溪，背靠青山。柳宗元在任期间，深受永州百姓爱戴，在此留下了诸多诗赋。正殿中有柳宗元塑像供游人瞻仰，正殿后的《荔子碑》文由韩愈撰、苏轼书，内容颂扬了柳宗元的事迹。庙内还有戏台、中殿，游走一番，可以一览这位永州司马的事迹。这里历代碑碣甚多，其中《荔子碑》《捕蛇歌》《寻愚溪谒柳子庙》等堪称文物珍品。

门票： 25元

营业时间： 8:00—18:00

微信公众号： 永州柳子庙

◆东山 见47页地图

东山，一座在永州市区的文化名山，西临潇水，是零陵古城制高点，其名始于唐代。东山景区最重要的景点是武庙和高山寺，武庙供奉武圣关羽，又名关帝庙，始建于明洪武年间，现古建仅存清同治年间重修的正殿和抱厦。正殿前有四根青石龙凤柱，浮雕蟠龙腾空欲出，非常有气势。高山寺又名法华寺，始建于唐代，是湘南一大佛教中心，柳宗元谪居永州时常去该寺，并写下了《永州法华寺新作西亭记》等文章。

门票： 公园免费，武庙35元

营业时间： 公园全天开放，武庙9:00—17:00

◆香零山 见47页地图

香零山是天然石矶组成的一座小岛，位于零陵城区以东的潇水河心，东西宽约20米，南北长约15米。由于它风景秀丽，因此有"香零烟雨"之称。唐代著名文学家柳宗元在贬居永州期间，游览香零山，并写下了《登蒲州石矶望横江口潭岛深迥斜对香零山》一诗，使香零山闻名遐迩，成为众多文人和游客慕名观光之地。为开发好这一旅游资源，永州市零陵区将香零山及周围水域1平方公里的区域规划为香零山景区。

门票： 免费，租船上岛30元

营业时间： 全天

▼ 上甘棠村

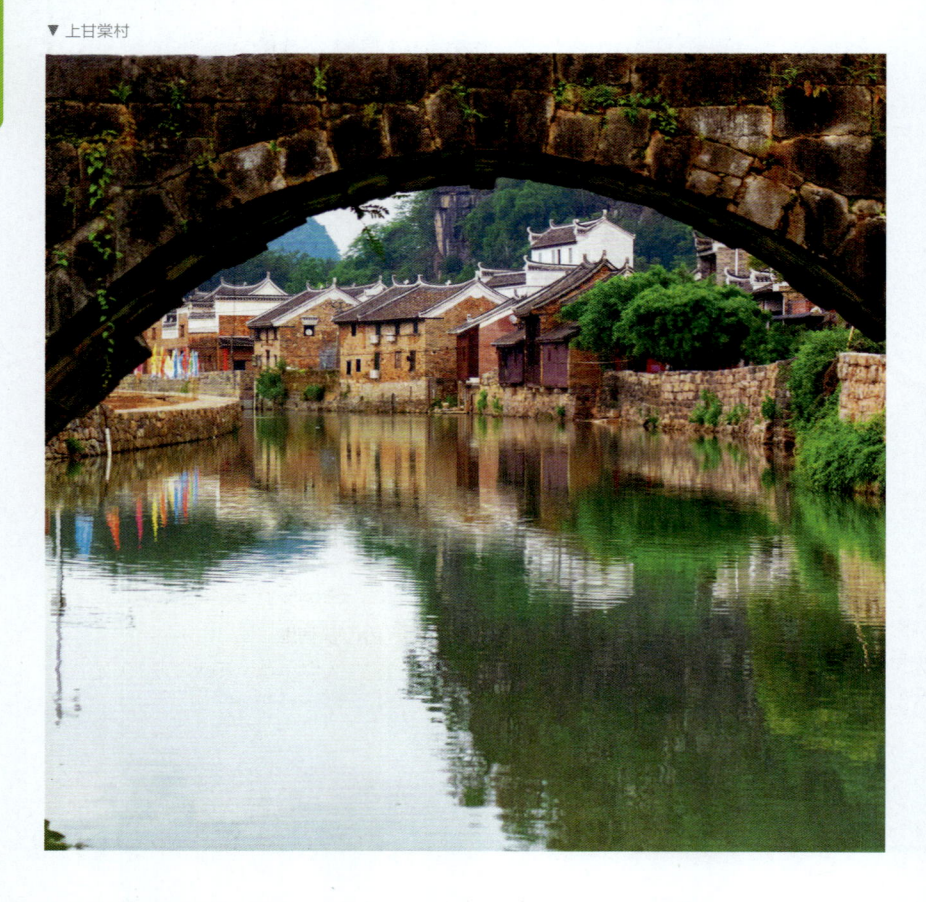

湖南省

◆女书园　　　　　　　　　见44页地图

女书园位于永州市江永县上江圩镇浦尾村，是一片四面环水的绿洲，作为女书的发源地，这里在近代出过三位自然传人，也因此被开发为女书园区。穿过女书园售票大门，跨过吊桥就到浦尾村了。村口有一座女书博物馆，也是园区内唯一会验票的地方。馆内分三个展厅，由讲解员用说、唱的方式从"发现""语言特点"和"传人"几个主题介绍女书。同时，女书园还提供了丰富的学习体验活动，如女书歌、女书刺绣、坐歌堂等。离开博物馆步入村内，还能看到胡氏宗祠（过去上课的地方）、老县长故居、女红（工）一条街等景点，不过很少开放，只能看看建筑外部。

门票： 30元
营业时间： 8:30—17:00

◆上甘棠村　　　　　　　　见44页地图

上甘棠村位于江永县夏层铺镇，拥有1200年左右历史，是湖南省迄今为止发现的年代最为久远的古村落之一。村内保存有200多幢明清古民居，建筑依山傍水，风光绮丽，文化厚重。村中的寿隆桥、单门楼、文昌阁、步瀛桥、月陂亭等都是值得一游的景点。寿隆桥位于村子东北侧300米，是湖南省目前发现最早的宋代古石桥。作为潇贺古道的过桥之一，寿隆桥以模仿木器榫卯结构的方式铺设而成，完全没有使用任何黏合剂。村内过去有9座单门楼，现仅存4座，自北向南分别是一单门楼、四单门楼、五单门楼和九单门楼，两座建于明朝，两座建于清朝。每一个门楼都有精美的梁枋雕花，门内还布置青石雕花抱鼓石以及供老人歇息的长条椅。

门票： 免费
营业时间： 全天

◆萍岛　　　　　　　　　　见本页地图

萍岛在永州城北，是潇水和湘江汇流处的一座沙洲。萍岛的面积大约为0.6平方公里，如一片巨大的萍叶浮于水面之上。春季水涨时，岛屿仿佛随之浮沉，由此得名"萍洲春涨"。岛上曾设有潇湘祠和湘口馆，清光绪年间，王德榜等人在此创建了萍洲书院，一度成为永州八县的最高学府，也是湖南四大书院之一。如今大部分古建筑已被拆除，重建后的萍洲书院包括奎星阁、讲堂、大堂、门庭、影壁和长廊等。如果你是春天到访，又恰逢下雨，可以期待一下"潇湘八景"之一——"潇湘夜雨"，感受夜雨的朦胧与浪漫。

门票： 免费，需乘渡船登岛（往返20元）
营业时间： 8:00—18:00

女书的秘密

女书，又称"女字"，是一种独特的汉语方言文字，主要流传于湖南省江永县及其周边地区的汉族和瑶族妇女中。女书的字形特点是书写呈长菱形，秀丽娟细，造型奇特，所有字符只有点、竖、斜、弧四种笔画。女书与汉字不同，是一种表音文字，每个女书字代表一个音节或一组发音相近的音节。

女书的起源有多种传说，其中一种说法是女书是由胡玉秀（或称胡秀英）所创，她因在宫中受到冷遇而发明了女书字，以便与家人秘密通信。女书的使用者主要是汉族妇女，也有当地一些放弃瑶语只用汉语的平地瑶妇女使用。

女书的存在已达数百年，它是当地女性为了维护自身利益、进行情感交流而发明的通信方式。女书作品的载体多样，包括纸书、扇书等，有的还绣在帕子上，称为"绣字"。当地妇女有唱歌堂的习惯，常常聚在一起，一边做女红，一边唱读、传授女书。

女书采用当地方言吟诵或咏唱。2006年5月20日，女书习俗被列入中国第一批《国家级非物质文化遗产名录》。

食宿推荐

当地美食

郴州市 栖凤渡鱼粉、临武鸭、坛子肉
永州市 永州血鸭、东安鸡、血灌肠

热门住宿地

郴州市 人民东路、五岭广场、天龙汽车站
零陵区 芝山路、潇水中路
江永县 商业步行街、北知青广场、老汽车站

湘南人文古建之旅

图书在版编目（CIP）数据

湖南 /"中国自驾游"编写组编写. -- 北京：中国地图出版社，2025.1. -- （中国自驾游）. -- ISBN 978-7-5204-4690-7

I．K928.964

中国国家版本馆 CIP 数据核字第 2025PK6753 号

主　　编｜马　珊
责任编辑｜喻　乐
编　　辑｜李潇楠　于佳宁
地图编辑｜田　越
地图制作｜张晓棠　王宏亮　杨翊梵
封面设计｜李小棠
版　　式｜王愔嫕
责任印制｜苑志强

中国自驾游·湖南

ZHONGGUO ZIJIA YOU · HUNAN

出版发行	中国地图出版社
社　　址	北京市西城区白纸坊西街3号
邮政编码	100054
网　　址	www.sinomaps.com
印　　刷	北京盛通印刷股份有限公司
经　　销	新华书店
成品规格	210mm×297mm
印　　张	3
版　　次	2025年1月第1版
印　　次	2025年1月北京第1次印刷
定　　价	29.90元

书　　号	ISBN 978-7-5204-4690-7
审 图 号	GS京(2024)2496号

咨询电话：010-83543938（编辑），010-83543933（印装），010-83543958（销售）

本书图片由视觉中国提供。